¡Hola!

실비아의
SILVIA'S
스페인어
SPANISH
멘토링
MENTORING

실비아의 스페인어 멘토링 2(중급편)

지은이	실비아 전 (Silvia Chun)
발행인	곽호민
펴낸곳	**실비아스페인어 SILVIASPANISH**

초판 1쇄 발행	2017년 3월 30일
개정판 2쇄 발행	2024년 3월 4일

책임편집	이수빈, 김소정
기획총괄	이희주, 안홍찬
감수	진주은, 이희정
오디오편집	Abigail Santamaría Estrada
원어민녹음	Abigail Santamaría Estrada
표지디자인	그래픽웨일
삽화	http://www.freepik.com
주소	경기도 하남시 미사대로520 현대지식산업센터 한강미사2차 D동 A540호
편집·구입문의	031-791-3440
이메일	silviaspanish@naver.com
웹사이트	www.silviaspanish.co.kr
출판등록	2016-000096
ISBN	979-11-979921-8-6

스페인어를 시작하는 가장 쉬운 방법

개정판

실비아의 스페인어 멘토링

실비아 전 지음

SILVIASPANISH

중급편 **2**

안녕하세요. 실비아입니다.
실비아의 스페인어 멘토링이 만들어지기까지 너무 많은 분들의 도움, 아직도 잊지 못합니다.
스페인어라는 새로운 언어는 저에게 그냥 하나의 언어가 아니라 저의 인생의 빛을 만들어준
고마운 존재입니다. 스페인어를 통해 보낸 시간들 그리고 소중한 인연들, 실비아라는 이름으
로 즐거운 삶을 만들어준 학생분들께 감사드립니다.

이제 몇 년 더 강의를 할 수 있을지 고민하는 요즈음…
저의 마음은 아직도 처음 수업을 시작했던 20대의 실비아 그대로입니다.
제가 강의를 할 수 있는 날까지 그리고 스페인어가 필요한 학습자분들께 저의 변함없는
초심을 계속 보여드릴 것을 약속드립니다.

준비한 자에게는 기회가 온다는 말이 있습니다.
그 타이밍은 각자 다르겠지만 그 희열을 느끼시는 그 날까지
실비아가 함께 하고 싶습니다.
스페인어라는 새로운 도전을 하시는 여러분들께
눈부시고 설렘으로 가득 찬 미래가 함께 하길
바랍니다. 실비아도 좋은 강의로 함께 하겠습니다.

감사합니다.

새로운 언어를 배운다는 것은 새로운 세계를 만나는 것입니다. 스페인어는 미지의 호기심입니다. 스페인의 열정과 광활한 남미 대륙의 미래가 새로운 언어에의 도전을 자극합니다. 가슴 설레는 일이 아닐 수 없습니다. 스페인어를 배우는 것은 새로운 기회를 찾기 위한 도전입니다. 이 위대한 도전을 실비아(Silvia) 선생님과 함께 하게 됨은 커다란 행운입니다.

교육부 국장급 공무원으로 국립외교원 고위정책과정 연수 중에 멕시코, 칠레, 아르헨티나를 방문할 기회가 있었습니다. 영미권의 문화에 너무도 익숙해있던 고정 관념을 깨뜨리고 세상의 넓음을 새삼 깨닫게 되는 인식의 충격이 있었습니다. 귀국하자마자 연수원의 스페인어 반에 들어갔습니다.

처음 배우는 외국어가 쉽지 않은 건 당연한 일, 실비아 선생님이 아니었다면 바로 포기했을 것입니다. 실비아 선생님은 어린 시절부터 남미에 살면서 몸으로 배운 살아 있는 언어 학습법을 체득하고 있었습니다. 배우는 대목마다 대나무의 마디 같은 매듭을 하나하나 지어주시는 것이 너무도 감탄스러웠습니다. 그 매듭을 토대로 쑥쑥 성장하는 것이지요. 외국어를 배우는 수강생의 입장이었지만 여러 번 칭찬의 말씀을 드렸습니다. 사람들이 스페인어를 어떻게 배우고, 이에 따라 어떻게 가르쳐야 하는 지를 너무도 잘 알고 있는 타고난 선생님이라고요!

열정은 실비아 선생님의 또 다른 무기입니다. 학습자가 잘 배워야 한다는 선생님으로서의 사명감과 열정은 스페인과 남미의 뜨거운 설레임이 그대로 전해지는 것 같았습니다. 쉽지 않은 새로운 언어 배우기를 앞에서 끌고 뒤에서 밀어주는 훌륭한 멘토였습니다.

새롭게 출간하는 스페인어 입문서에 '멘토링'을 강조한 것은 우연이 아닙니다. 멘토링의 의미는 결국 언어는 스스로 체득하고 익혀야 한다는 것을 함축하고 있기도 합니다. 새로운 언어를 배우는데 지름길은 없지만 평탄한 길을 따라 목표에 도달할 수 있는 좋은 멘토링은 필요하지 않을까요?

경험과 열정을 겸비한 최고의 멘토가 공들여 쓴 <실비아의 스페인어 멘토링>은 여러분의 친구가 되어줄 것입니다. 새로운 세계에 도전하는 동반자가 되어 줄 것입니다. 스페인어라는 새로운 세계를 향한 첫걸음에서 실비아 선생님을 만난 것은 여러분의 행운입니다.

여러분께 행운이 가득하길 빕니다.
¡Deseo mucha suerte para todos!

박성수(교육부 고위공무원)

스페인어의 최고 동반자를 소개합니다!

저는 30년 전부터 스페인어와 중남미에 대해서 배우기 시작했고, 지금도 라틴 세계와 관련된 일을 하고 있습니다.

오랫동안 스페인어와 함께 했지만, 항상 스페인어에 대한 부담감이 있었습니다.

그러다가, 우연히 온라인에서 만난 실비아 스페인어.

언어를 배우는데 이전과 전혀 다른 접근 방식, 언어와 문화를 함께 다루고 있어, 실제 현지인들과의 의사소통에 큰 도움이 되었습니다.

그리고 실비아 스페인어와 함께한 지 얼마 되지 않은 많은 사람들이 자신의 이야기를 맘껏 스페인어로 이야기하는 모습을 보고 많이 놀랐습니다.

저도 이렇게 스페인어를 배우기 시작했다면, 시간낭비 하지 않았을 텐데 하는 생각이 들었습니다. 스페인어에 대해서는 실비아샘을 그냥 믿고 따라가시면 후회하지 않으실 것을 확신합니다. 작은 차이가 큰 결과의 차이를 만듭니다.

황정한
현) 주칠레 한국대사관 외교관(공사참사관)
전) 코트라 에콰도르 무역관장
작가 (저서: 에콰도르, 풍성한 삶으로 가는 길 /
포스트 코로나 라틴 비즈니스 커뮤니케이션)

A la Embajada de Colombia en Corea le complace muchísimo la publicación del libro "SILVIA SPANISH MENTORING", pues contribuye al objetivo que nos hemos propuesto en el 60 aniversario del establecimiento de relaciones diplomáticas entre Corea y Colombia de acercar aún más a nuestras culturas y nuestros pueblos.

"SILVIA SPANISH MENTORING" es una herramienta que contribuirá a acortar los 15 mil kilómetros que separan a nuestros países. La distancia geográfica puede ser la misma, pero cuando los países reconocen y valoran mutuamente sus culturas se acorta la distancia entre las mentes y corazones de nuestros ciudadanos. Felicitaciones al equipo editorial que ha hecho realidad este acercamiento.

Queremos felicitar también la iniciativa de su autora de incluir expresiones y frases coloquiales utilizadas en los diferentes países en los que se habla español. El estudiante se acercará así a comprender el vocabulario local en cada país. Qué chévere! Éxitos y adelante en esa admirable labor.

Cordialmente,

Francisco Alberto GONZALEZ
Encargado de negocios, a.i.
Embajada de Colombia ante la República de Corea
Noviembre de 2022.

프란시스코 곤살레스(주한 콜롬비아 대사)

추천사

안녕하세요. Camila라는 이름을 통해서 이전과 또 다른 삶을 살아가고 있는 실비아스페인어의 수강생입니다.

오랜 직장생활에 염증을 느끼던 즈음 우연히 들른 서점에서 실비아 선생님의 책 한 권을 통해 저는 스페인어의 매력에 마술처럼 빠져들었습니다.

배우면 배울수록 내 영혼을 춤추게 하고 내 마음을 풍요롭게 해주는 느낌, 이 멋진 언어를 통해서 또 다른 꿈을 실현할 수 있는 용기를 가질 수 있었고 하나씩 실현해가고 있습니다.

언어를 통해서 경험할 수 있는 세상이 얼마나 큰지는 아시나요?

두 팔을 펼쳐 세상을 갖는 느낌, 내 삶이 확장되는 소름 돋는 경험, 상상만으로도 가슴 벅찬 일입니다. 내게 스페인어는 이런 상상에 날개를 달아주었습니다. 다양한 문화와 그 문화에서 깨닫는 지혜와 지식은 사고의 폭을 넓혀 풍요롭고 생동감 있는 삶으로 변화할 수 있는 긍정적인 원인제공자가 되어줍니다.

오랜 시간 즐겁게 공부할 수 있다는 것은 판에 박힌 가르침이 아니라 실비아 스페인어만의 다양한 주제를 통한 확실한 차별성과 그녀의 식지 않는 열정이 있기에 가능하다고 생각합니다.

열정과 예술이 살아 숨쉬는 스페인어를 벗으로 삼아 즐길 수 있는 기회를 가져 보시면 어떨까요? 혹은 언어를 창작하고 자신의 길을 좀 더 넓혀보는 건 어떨까요?

무언가를 배우기 위해서 무엇보다 중요한 건, 배움에 대한 갈망과 열정입니다. 그 열정과 갈망에 즐거움을 책임질 실비아 스페인어를 통해서 이제 당신의 이야기를 만들어보세요.

정진선

Introducción 책의 구성

Título
학습할 테마를 숙지합니다.

QR CODE
해당 테마의 유튜브 강의 영상을 볼 수 있습니다.

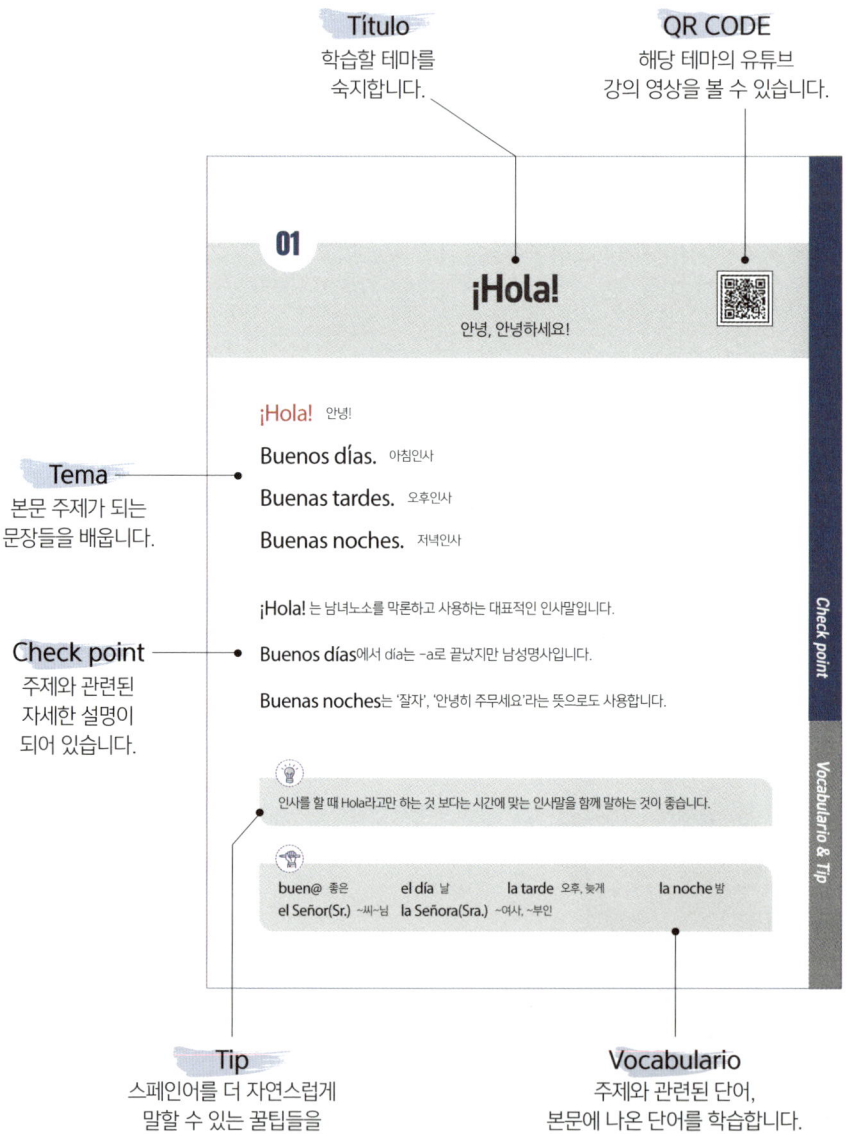

Tema
본문 주제가 되는 문장들을 배웁니다.

Check point
주제와 관련된 자세한 설명이 되어 있습니다.

Tip
스페인어를 더 자연스럽게 말할 수 있는 꿀팁들을 학습합니다.

Vocabulario
주제와 관련된 단어, 본문에 나온 단어를 학습합니다.

10

Noticia 알아두기

❶ 이 교재에서 @는 성별에 따라 –a 또는 –o로 어미가 변화하는 형용사나 명사를 한꺼번에 표기하는 의미입니다.
 - buen@ : bueno(남성형)과 buena(여성형)을 함께 나타냅니다.

❷ 반복적인 동사 활용 연습을 위해 1권에서 학습한 현재, 단순과거형을 함께 수록하였습니다. 이전에 학습한 시제들에 대한 동사활용을 함께 복습하며 익숙하게 해주세요.

Hablar 말하다		
현재	단순과거	불완료과거
hablo	hablé	hablaba
hablas	hablaste	hablabas
habla	habló	hablaba
hablamos	hablamos	hablábamos
habláis	hablasteis	hablabais
hablan	hablaron	hablaban

❸ 멘토링 2권에서는 동사 활용 앞 인칭대명사 표를 생략하였습니다. 인칭대명사는 1권과 순서(yo/tú/él, ella, usted/nosotr@s/vosotr@s/ell@s, ustedes)가 동일하므로 동사 활용 연습을 할 때 참고해주세요.

bailar 춤추다	parar 멈추다	pensar 생각하다	entrar 들어가다
bailaré	pararé	pensaré	entraré
bailrarás	pararás	pensarás	entrarás
bailará	parará	pensará	entrará
bailraremos	pararemos	pensaremos	entraremos
bailaréis	pararéis	pensaréis	entraréis
bailarán	pararán	pensarán	entrarán

 * 3인칭 단수/복수에 해당하는 주어는 여러 가지이므로 주어를 써주는 것이 좋습니다.

❹ 스페인어 학습자들이 자주 혼동하는 내용들을 부록으로 모았습니다. 단어모음, 많이 사용하는 동사 모음, 플러스 테마로 구성된 부록 파트에만 있는 꿀팁들도 놓치지 말고 활용해주세요.

❺ 스페인어는 세계에서 가장 빠른 언어 중 하나입니다. 유창한 스페인어를 구사하기 위해서는 빠르게 말하는 연습을 하는 것이 좋습니다.

73	Pretérito imperfecto de indicativo	17
	불완료과거란?	
74	불완료과거 불규칙동사	19
	ser, ir, ver	
75	불완료과거 -ar형 규칙동사	22
76	불완료과거 -er형 규칙동사	27
77	불완료과거 -ir형 규칙동사	31
78	불완료과거 사용법	35
79	Cuando yo era niña...	39
	내가 어렸을 적에...	
80	soler 동사	42
81	conocer 동사	44
82	과거완료 만들기	47
83	Futuro indicativo	49
	직설법 미래란?	
84	미래 규칙동사	53
85	미래 불규칙동사	57
86	미래완료 만들기	59
87	Los colores del arco iris	61
	무지개의 색상	
88	¿De qué color son tus ojos?	64
	너의 눈 색깔은 뭐니?	
89	조건법(가능법) 규칙동사	67

90	조건법 불규칙동사 1	73
	tener, poner, valer, venir, salir	
91	조건법 불규칙동사 2	75
	haber, saber, querer, poder, caber, hacer, decir	
92	관계대명사 1	78
	que	
93	관계대명사 2	81
	el que, los que, la que, las que	
94	관계대명사 3	83
	quien	
95	관계대명사 4	86
	el cual, los cuales, la cual, las cuales	
96	관계형용사	89
	cuyo, cuyos, cuya, cuyas	
97	관계부사	91
	donde	
98	조건법 완료형	93
99	haber의 완료형이 직접목적, 간접목적, 재귀대명사와 만났을 때	96
100	긴 숫자를 읽어보자	100
101	무인칭 hay	103
102	hay que + 동사원형	106
	무인칭의 의무	
103	접속법이란?	108
104	접속법 현재 규칙동사	111

105	접속법 현재 규칙동사 활용	113
106	접속법 현재 불규칙동사 1	118
107	접속법 현재 불규칙동사 2	122
108	접속법 현재 불규칙동사 3	125
109	접속법 현재 불규칙동사 4	128
110	접속법 포인트 1	131
111	접속법 포인트 2	135
112	접속법 포인트 3	138
113	접속법 현재완료	141
114	접속법 과거	144
115	접속법 과거완료	149
116	긍정명령법 1	152
117	긍정명령법 2	157
118	부정명령법	162
119	동사와 대명사의 합체	168
120	직접, 간접, 재귀대명사와 긍정명령형의 합체	172
더보기	단어모음	175
더보기	많이 사용하는 동사	192
더보기	플러스테마	199

73 Pretérito imperfecto de indicativo
불완료과거란?

직설법 불완료과거

과거에서 지속적으로 일어난 행위를 표현할 때 사용합니다.
  1. 반복적, 습관적인 과거의 행위
  2. 과거의 추억 (주어의 성격, 특징, 외모)
  3. 과거에 진행중이던 행위
  4. 과거의 나이 표현

Hablar 말하다		
현재	단순과거	불완료과거
hablo	hablé	hablaba
hablas	hablaste	hablabas
habla	habló	hablaba
hablamos	hablamos	hablábamos
habláis	hablasteis	hablabais
hablan	hablaron	hablaban

Juan siempre hablaba mucho de su jefe.
후안은 항상 사장님에 대해서 말을 많이 하곤 했었어.

Mi amiga siempre me hablaba por teléfono todas las noches.
내 친구는 매일 저녁 항상 전화로 나에게 말하곤 했었어.

Comer 먹다

현재	단순과거	불완료과거
como	comí	comía
comes	comiste	comías
come	comió	comía
comemos	comimos	comíamos
coméis	comisteis	comíais
comen	comieron	comían

Yo siempre comía carne con ensalada en la cena.

나는 항상 고기와 샐러드를 저녁식사로 먹곤 했어.

Vivir 살다

현재	단순과거	불완료과거
vivo	viví	vivía
vives	viviste	vivías
vive	vivió	vivía
vivimos	vivimos	vivíamos
vivís	vivisteis	vivíais
viven	vivieron	vivían

¿Dónde vivías antes? 너 예전에 어디에 살았었어?

Yo vivía con mis padres en Buenos Aires.

나는 부에노스 아이레스에서 부모님과 함께 살았어.

---

el jefe 사장
la ensalada 샐러드
siempre 항상
hablar por teléfono 전화통화하다
la cena 저녁식사
todas las noches 밤마다
la carne 고기
el almuerzo 점심식사
antes 전에

74 불완료과거 불규칙동사

ser, ir, ver

ser, ir, ver 동사는 불완료과거의 유일한 불규칙동사입니다.

Ser ~이다		
현재	단순과거	불완료과거
soy	fui	era
eres	fuiste	eras
es	fue	era
somos	fuimos	éramos
sois	fuisteis	erais
son	fueron	eran

Era casi medianoche. 거의 자정이었어.

Yo también era muy traviesa. 예전에는 나도 역시 장난꾸러기였어.

Cuando yo era joven, vivía en un pueblo pequeño.
내가 젊었을 적에, 어느 작은 마을에서 살았었어.

Ir 가다		
현재	단순과거	불완료과거
voy	fui	iba
vas	fuiste	ibas
va	fue	iba
vamos	fuimos	íbamos
vais	fuisteis	ibais
van	fueron	iban

Mi madre iba a la montaña todos los domingos.

나의 어머니는 일요일마다 산에 가시곤 했었어.

Algunas veces también íbamos al parque.

우리는 이따금 공원도 가곤 했었어.

El niño iba a la escuela acompañado de su madre.

소년은 엄마를 따라 학교를 가곤 했었어.

Ver 보다		
현재	단순과거	불완료과거
veo	vi	veía
ves	viste	veías
ve	vio	veía
vemos	vimos	veíamos
veis	visteis	veíais
ven	vieron	veían

Yo veía fantasmas cuando era niña. 나는 어릴 때 유령들을 보곤 했어.

No veía nada sin gafas. 안경 없이는 아무것도 보지 못했어.

1. ser 동사는 단순과거, 불완료과거 모두 자주 사용되므로 정확하게 암기해주세요.
2. ser 동사의 불완료과거 1인칭 복수(éramos)에 아쎈또가 붙으므로 발음에 유의합니다.
3. ir 동사의 불완료과거 1인칭 복수(íbamos)에 아쎈또가 붙으므로 발음에 유의합니다.
4. ver 동사의 불완료과거에는 모두 아쎈또가 붙으므로 발음에 유의합니다.

casi 거의
el pueblo 마을
algunas veces 이따금
las gafas 안경

la medianoche 자정
pequeñ@ 작은
acompañad@ 함께, 동행하여
nada 아무것도 ~않는, 없음

travies@ 장난꾸러기
el parque 공원
el fantasma 유령

75 불완료과거 -ar형 규칙동사

Estar ~한 상태이다, ~에 있다		
현재	단순과거	불완료과거
estoy	estuve	estaba
estás	estuviste	estabas
está	estuvo	estaba
estamos	estuvimos	estábamos
estáis	estuvisteis	estabais
están	estuvieron	estaban

Yo estaba escuchando (la) música. 나는 음악을 듣고 있었어.

Estábamos en la cafetería cuando jefe llegó a su oficina.
사장님이 사무실에 도착했을 때 우리는 카페에 있었어.

Estudiar 공부하다		
현재	단순과거	불완료과거
estudio	estudié	estudiaba
estudias	estudiaste	estudiabas
estudia	estudió	estudiaba
estudiamos	estudiamos	estudiábamos
estudiáis	estudiasteis	estudiabais
estudian	estudiaron	estudiaban

Estudiaba mucho para recibir la beca durante la preparatoria.
나는 고등학교를 다닐 동안 장학금을 받기 위해서 열심히 공부했었어.

Karen siempre estudiaba en la biblioteca.
까렌은 항상 도서관에서 공부했었어.

Trabajar 일하다		
현재	단순과거	불완료과거
trabajo	trabajé	trabajaba
trabajas	trabajaste	trabajabas
trabaja	trabajó	trabajaba
trabajamos	trabajamos	trabajábamos
trabajáis	trabajasteis	trabajabais
trabajan	trabajaron	trabajaban

Yo trabajaba en una empresa muy grande.
나는 큰 회사에서 일했었어.

Viajar 여행하다

현재	단순과거	불완료과거
viajo	viajé	viajaba
viajas	viajaste	viajabas
viaja	viajó	viajaba
viajamos	viajamos	viajábamos
viajáis	viajasteis	viajabais
viajan	viajaron	viajaban

Pensar 생각하다

현재	단순과거	불완료과거
pienso	pensé	pensaba
piensas	pensaste	pensabas
piensa	pensó	pensaba
pensamos	pensamos	pensábamos
pensáis	pensasteis	pensabais
piensan	pensaron	pensaban

Regalar 선물하다

현재	단순과거	불완료과거
regalo	regalé	regalaba
regalas	regalaste	regalabas
regala	regaló	regalaba
regalamos	regalamos	regalábamos
regaláis	regalasteis	regalabais
regalan	regalaron	regalaban

Desear 원하다, 바라다

현재	단순과거	불완료과거
deseo	deseé	deseaba
deseas	deseaste	deseabas
desea	deseó	deseaba
deseamos	deseamos	deseábamos
deseáis	deseasteis	deseabais
desean	desearon	deseaban

Comprar 사다, 구입하다

현재	단순과거	불완료과거
compro	compré	compraba
compras	compraste	comprabas
compra	compró	compraba
compramos	compramos	comprábamos
compráis	comprasteis	comprabais
compran	compraron	compraban

Cantar 노래하다

현재	단순과거	불완료과거
canto	canté	cantaba
cantas	cantaste	cantabas
canta	cantó	cantaba
cantamos	cantamos	cantábamos
cantáis	cantasteis	cantabais
cantan	cantaron	cantaban

Bailar 춤추다

현재	단순과거	불완료과거
bailo	bailé	bailaba
bailas	bailaste	bailabas
baila	bailó	bailaba
bailamos	bailamos	bailábamos
bailáis	bailasteis	bailabais
bailan	bailaron	bailaban

Cocinar 요리하다

현재	단순과거	불완료과거
cocino	cociné	cocinaba
cocinas	cocinaste	cocinabas
cocina	cocinó	cocinaba
cocinamos	cocinamos	cocinábamos
cocináis	cocinasteis	cocinabais
cocinan	cocinaron	cocinaban

불완료과거 1인칭 복수형은 아쎈또에 주의해서 읽습니다.
hablábamos - cantábamos - bailábamos - cocinábamos

76 불완료과거 -er형 규칙동사

Tener 가지다, 소유하다

현재	단순과거	불완료과거
tengo	tuve	tenía
tienes	tuviste	tenías
tiene	tuvo	tenía
tenemos	tuvimos	teníamos
tenéis	tuvisteis	teníais
tienen	tuvieron	tenían

Cuando regresé a Corea, tenía 20 años.

한국에 돌아왔을 때, 나는 20살이었어.

Hacer 하다, 만들다

현재	단순과거	불완료과거
hago	hice	hacía
haces	hiciste	hacías
hace	hizo	hacía
hacemos	hicimos	hacíamos
hacéis	hicisteis	hacíais
hacen	hicieron	hacían

Hacía mucho calor. 너무 더웠어요.

Poder ~할 수 있다

현재	단순과거	불완료과거
puedo	pude	podía
puedes	pudiste	podías
puede	pudo	podía
podemos	pudimos	podíamos
podéis	pudisteis	podíais
pueden	pudieron	podían

No **podía** pronunciar 'r'. 나는 r 발음을 못했었어.

Aprender 배우다

현재	단순과거	불완료과거
aprendo	aprendí	aprendía
aprendes	aprendiste	aprendías
aprende	aprendió	aprendía
aprendemos	aprendimos	aprendíamos
aprendéis	aprendisteis	aprendíais
aprenden	aprendieron	aprendían

Beber 마시다

현재	단순과거	불완료과거
bebo	bebí	bebía
bebes	bebiste	bebías
bebe	bebió	bebía
bebemos	bebimos	bebíamos
bebéis	bebisteis	bebíais
beben	bebieron	bebían

Querer 원하다, 바라다

현재	단순과거	불완료과거
quiero	quise	quería
quieres	quisiste	querías
quiere	quiso	quería
queremos	quisimos	queríamos
queréis	quisisteis	queríais
quieren	quisieron	querían

Conocer 알다 (ep81. 참고)

현재	단순과거	불완료과거
conozco	conocí	conocía
conoces	conociste	conocías
conoce	conoció	conocía
conocemos	conocimos	conocíamos
conocéis	conocisteis	conocíais
conocen	conocieron	conocían

Saber 알다

현재	단순과거	불완료과거
sé	supe	sabía
sabes	supiste	sabías
sabe	supo	sabía
sabemos	supimos	sabíamos
sabéis	supisteis	sabíais
saben	supieron	sabían

불완료과거 -ir형 규칙동사

Escribir 쓰다		
현재	단순과거	불완료과거
escribo	escribí	escribía
escribes	escribiste	escribías
escribe	escribió	escribía
escribimos	escribimos	escribíamos
escribís	escribisteis	escribíais
escriben	escribieron	escribían

A los 20 años escribía muchas cartas a mis amigas.

20살 때 친구들에게 편지를 많이 쓰곤 했었어.

Venir 오다		
현재	단순과거	불완료과거
vengo	vine	venía
vienes	viniste	venías
viene	vino	venía
venimos	vinimos	veníamos
venís	vinisteis	veníais
vienen	vinieron	venían

Nosotros veníamos a esta cafetería 3 veces a la semana.
우리는 이 카페에 일주일에 3번씩 오곤 했었어.

Decir 말하다		
현재	단순과거	불완료과거
digo	dije	decía
dices	dijiste	decías
dice	dijo	decía
decimos	dijimos	decíamos
decís	dijisteis	decíais
dicen	dijeron	decían

Eso es todo lo que yo decía. 그것이 모두 내가 말했었던 것이야.

Dormir 자다, 잠자다

현재	단순과거	불완료과거
duermo	dormí	dormía
duermes	dormiste	dormías
duerme	durmió	dormía
dormimos	dormimos	dormíamos
dormís	dormisteis	dormíais
duermen	durmieron	dormían

Salir 나가다

현재	단순과거	불완료과거
salgo	salí	salía
sales	saliste	salías
sale	salió	salía
salimos	salimos	salíamos
salís	salisteis	salíais
salen	salieron	salían

Abrir 열다

현재	단순과거	불완료과거
abro	abrí	abría
abres	abriste	abrías
abre	abrió	abría
abrimos	abrimos	abríamos
abrís	abristeis	abríais
abren	abrieron	abrían

Preferir 선호하다, ~을 택하다

현재	단순과거	불완료과거
prefiero	preferí	prefería
prefieres	preferiste	preferías
prefiere	prefirió	prefería
preferimos	preferimos	preferíamos
preferís	preferisteis	preferíais
prefieren	prefirieron	preferían

De pequeña prefería no comer verduras.

어렸을 때 나는 야채먹는 것을 선호하지 않았어. (좋아하지 않았어.)

Silvia prefería a Rodrigo que los demás.

실비아는 로드리고를 다른 사람들보다 더 좋아했었어.

* preferir A a B   B보다 A를 더 좋아하다

  - Prefiero bailar a cantar. 노래를 부르는 대신 차라리 춤을 추겠어.

* preferir + 동사원형 차라리 ~을/를 택하다

78 불완료과거 사용법

불완료과거 사용법

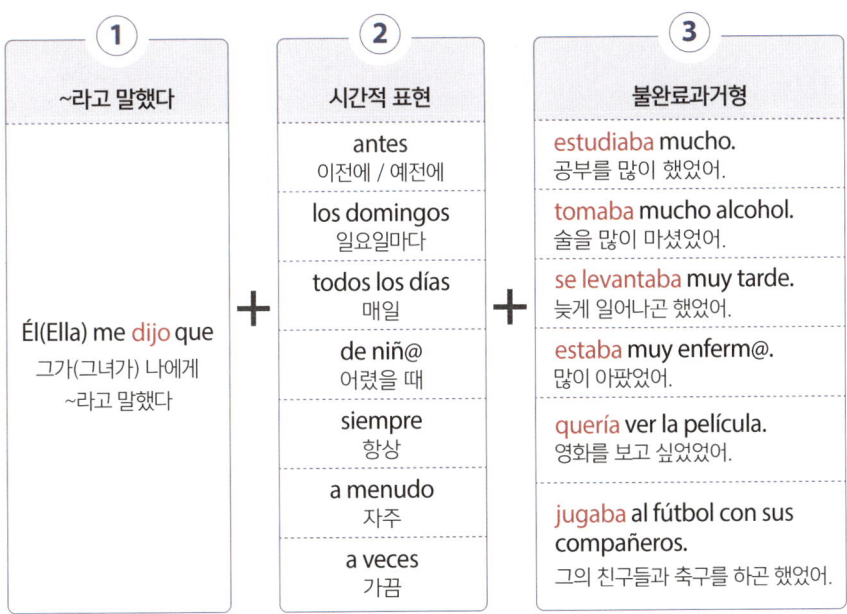

① + ② + ③ 자연스럽게 해석하기

Él me dijo que antes estudiaba mucho.
그는 예전에 공부를 많이 했었다고 내게 말했다.

직설법 현재 사용법

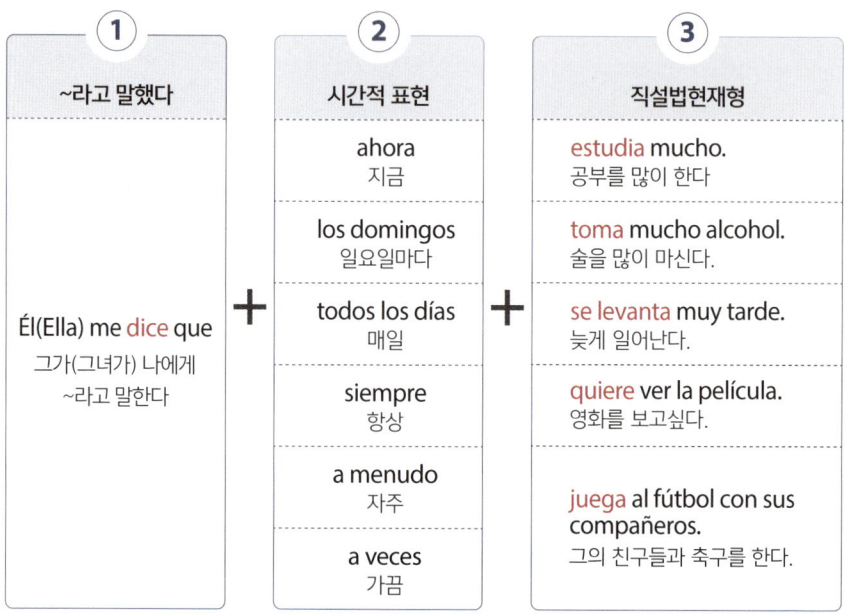

① + ② + ③ 자연스럽게 해석하기

Él me dice que ahora estudia mucho.
그는 지금 공부를 많이 한다고 내게 말한다.

dijo는 decir(말하다)의 단순과거 3인칭 단수형입니다.

decir 말하다

(yo)	**dije**
(tú)	**dijiste**
(él, ella, usted)	**dijo**
(nosotr@s)	**dijimos**
(vosotr@s)	**dijisteis**
(ell@s, ustedes)	**dijeron**

* **decir que** ~라고 말한다

los + 요일 매주 ~요일

sábado와 domingo는 **sábados**와 **domingos**로 **s**를 붙여서 써야 '매주 토요일(일요일)마다'라는 뜻이 됩니다.

* **el + 요일** 한번의 요일을 나타낼 때 사용합니다.

querer + 동사원형 '~한 행동을 하길 원하다' 라는 뜻으로 querer는 조동사의 역할을 하며 뒤에 오는 동사는 원형을 사용합니다.

불완료과거 연습

시간부사를 바꿔가며 문장을 반복해서 만들어 보면 불완료과거 표현에 익숙해질 수 있습니다.

Él me dijo que antes estudiaba mucho.
그는 예전에 공부를 엄청 열심히 했었다고 나에게 말했다.

Él me dijo que los domingos estudiaba mucho.
그는 일요일마다 공부를 엄청 열심히 했었다고 나에게 말했다.

Él me dijo que todos los días estudiaba mucho.
그는 매일 공부를 엄청 열심히 했었다고 나에게 말했다.

Él/Ella me dijo que de niñ@ estudiaba mucho.
그(그녀)는 어렸을 때 공부를 엄청 열심히 했었다고 나에게 말했다.

Él me dijo que siempre estudiaba mucho.
그는 항상 공부를 엄청 열심히 했었다고 나에게 말했다.

Él me dijo que a menudo estudiaba mucho.
그는 자주 공부를 엄청 열심히 했었다고 나에게 말했다.

Él me dijo que a veces estudiaba mucho.
그는 가끔 공부를 엄청 열심히 했었다고 나에게 말했다.

* 충분히 익숙해지면 동사도 바꿔가며 연습합니다.

'말했다'라는 행위가 일회성으로 일어난 행동이기 때문에 단순과거 dijo(decir동사 3인칭 단수)를 사용합니다.

Cuando yo era niña...

내가 어렸을 적에...

Cuando yo era niña mis padres vivían cerca de la isla Jeju. Cuando tenía más o menos 11 años, mi padre me llevaba todas las noches de fines de semana al parque a pasear.

Para mí, era un momento muy precioso. Algunas veces regresábamos pasada la medianoche porque nos gustaba ver las estrellas del cielo. Recuerdo que mi madre era muy cariñosa y siempre nos preparaba comidas deliciosas.

A los 12 años nos mudamos a vivir para Seúl y allí nuestra vida cambió un poco por el trabajo de mi padre.

Recuerdo que mis padres se llevaban muy bien, mi padre siempre fue(era) muy atento y cortés con mi madre.

Cuando era niña pasé los momentos más felices de mi vida porque mis padres me amaban mucho y me enseñaron el verdadero valor de la familia.

내가 어렸을 때 나의 부모님은 제주도에서 가까운 곳에 살았었어.

내가 11살 정도 되었을 때 나의 아버지는 주말 밤마다 산책하러 공원으로 나를 데리고 가곤 했었어.

나에게는 아주 소중한 순간이었어. 우리는 하늘의 별들을 보는 것을 좋아했기 때문에 이따금 자정이 지나서야 아빠와 집으로 돌아오곤 했었어. 나는 기억해. 우리 엄마는 애정이 무척 많은 분이셨고, 항상 맛있는 요리를 우리에게 준비해주곤 하셨어.

12살 때 우리는 서울에 살기 위해 이사를 했어. 그리고 아버지의 일로 그곳에서 우리의 삶이 바뀌었어.

또 나는 기억해. 우리 부모님은 사이가 참 좋았어. 아버지는 엄마에게 항상 친절하시고 예의가 바른 분이셨어. 나는 어렸을 적에 나의 삶에서 가장 행복한 순간들을 보냈어. 왜냐하면 나의 부모님이 나를 많이 사랑해 주셨고, 가족이라는 진정한 가치를 가르쳐 주셨기 때문이야.

Cuando era niñ@ 내가 어렸을 때
* **cuando** ~했을 때 / **cuándo** 언제(의문사)

tenía 11 años. 11살이었다.
나이에 대한 표현은 tener동사를 사용하는데, 과거의 나이를 나타낼 때는 항상 불완료과거 **tenía**를 사용합니다.

mi padre me llevaba 아빠는 나를 데려가곤 했었다.
mi padre(3인칭 단수) + **me**(1인칭 직접목적대명사) + **llevaba**(llevar동사 불완료과거 3인칭단수)

porque ~때문에 / **¿por qué?** 왜 (의문사)

nos gustaba ver las películas. 우리는 영화 보는 것을 좋아했다.
nos(간접목적대명사) + **gustaba**(gustar동사 불완료과거) + **ver las películas**(주어)
* gustar 동사는 역구조동사로 간접목적대명사와 함께 사용하며, 동사원형 혹은 명사를 주어로 사용합니다.

pasar + 시간적 표현 ~한 시간을 보내다

el verdadero valor de la familia 가족이라는 진정한 가치

el/la niñ@ 소년/소녀
el parque 공원
precios@ 소중한, 귀중한
el mediodía 정오
las estrellas 별들
preparar 준비하다
atent@ 친절한

más o menos 대략, 그쯤
era ~였다(ser동사의 불완료과거)
algunas veces 이따금, 때때로
pasad@ 지난
recordar 기억하다
la comida 음식
cortés 예의바른

llevar 가지고 가다, 데리고 가다
el momento 순간
la medianoche 자정
el cielo 하늘
cariños@ 사랑스러운
delicios@ 맛있는

soler 동사

Soler 자주 ~하다		
현재	단순과거	불완료과거
suelo	solí	solía
sueles	soliste	solías
suele	solió	solía
solemos	solimos	solíamos
soléis	solisteis	solíais
suelen	solieron	solían

Suelo ir al parque.　나는 자주 공원을 가곤 해.

Suelo perder el libro.　나는 책을 자주(쉽게) 잃어버려.

Suele llegar tarde.　그는 늦게 도착하기 일쑤야.

Yo suelo dormir después de comer.　나는 밥만 먹으면 잠을 자.

Mis padres suelen pasar las vacaciones en casa.
우리 부모님은 휴가를 집에서 보내기 일쑤야.

Yo solía caminar por las noches.　나는 저녁마다 걷곤 했어.

Mi papá solía viajar a varios países porque es pintor.
우리 아빠는 화가이기 때문에 여러 국가를 여행하곤 했었어.

A los 8 años solía bañarme con mi madre.
8살 때 나는 엄마와 같이 목욕을 하곤 했었어.

soler 직설법에서 현재형과 불완료과거만 사용합니다. '자주 ~하다, ~하기 일쑤이다, ~하는 습관을 가지고 있다' 등의 반복적인 행위를 나타낼 때 사용하며, [soler + 동사원형]의 형태로 사용할 때는 '~하곤 하다'라는 의미가 됩니다.

Yo suelo dormir después de comer. 나는 밥만 먹으면 잠을 자. (직설법 현재)

→ Yo solía dormir después de comer.
　　나는 밥만 먹으면 잠을 자곤 했어. (불완료과거)

después de comer 밥을 먹은 후에
* después de + 동사원형 ~을 한 후에
* antes de comer 밥을 먹기 전에

pasar 시간을 보내다
* pasar + 간접목적대명사 누구에게 ~이 일어나다
  - ¿Qué te pasa? 무슨 일입니까?

perder 잃다, 분실하다	**pasar** 시간을 보내다, 통과시키다	**caminar** 걷다
las vacaciones 휴가	**viajar** 여행하다	**el país** 국가, 나라
el pintor 화가	**vari@s** 여러 가지의, 가지각색의, 여러	

81

conocer 동사

Conocer 알다		
현재	단순과거	불완료과거
conozco	conocí	conocía
conoces	conociste	conocías
conoce	conoció	conocía
conocemos	conocimos	conocíamos
conocéis	conocisteis	conocíais
conocen	conocieron	conocían

Mi novio me dijo que antes conocía a mi amigo Carlos.
내 남자친구가 예전에 내 친구 까를로스를 알았었다고 나에게 말했어.

María conocía bien esa ciudad. 마리아는 그 도시를 잘 알고 있었어.

Ni conoces sabor de cerveza. 너는 맥주 맛도 모르잖아.

conocer 동사와 saber 동사

conocer 알다

1. conocer + 장소(lugares)

   - ¿Conoces Granada? 그라나다에 가 본 적 있어?
   - Mis padres no conocen España.
     나의 부모님은 스페인에 가본 적이 없어서 알지 못해.
   - Miguel conoce muy bien España.
     미겔은 스페인을 잘 알고 있다.
   - Yo conozco España y México.
     나는 스페인과 멕시코를 잘 알아. (나는 스페인과 멕시코에 가본 적 있어.)

2. conocer + a + 사람(personas)

   - ¿Conoces a Miguel?
     미겔을 알고 있니? (=미겔을 만난 적이 있어서 알고 있니?)
   - Sí, lo(la) conozco bien. 응. 나는 만나 봐서 잘 알고 있어.
   - No puedo opinar porque lo conozco poco.
     나는 그를 잘 모르기 때문에 나의 의견을 얘기할 수가 없어.
   - Solo conozco de vista. 만나봐서 알고는 있어.
   - Solo conozco de oídas. 들어봐서 알고는 있어.

saber 알다 (ep.34 참고)

1. 정보를 주고 받는 것(pedir y dar información)
   - ¿Sabes si Miguel está en España?
     미겔이 스페인에 있는지 너는 아니?
   - ¿Sabes cuál es el autobús para la catedral?
     성당에 가는 버스가 어떤 것인지 너는 알고 있니?
   - ¿Sabe usted dónde está Miguel? 미겔이 어디에 있는지 아세요?
   - ¿Sabes cuándo va a llegar? 언제 그가 도착할지 알고 있니?
     * va(ir) + a + 동사원형 ~할 것이다

2. 할 줄 안다 saber + infinitivo(동사원형)
   - ¿Sabes manejar(conducir)? 운전할 줄 알아?
   - ¿Sabes bailar flamenco? 플라멩코를 출 줄 알아?
   - Yo sé (hablar) muy bien español. 나는 스페인어를 매우 잘할 줄 알아.
     * Tú sabes muy bien español. 너는 스페인어를 매우 잘 구사할 줄 알아.
   - ¿Sabes tocar el piano? 피아노를 연주할 줄 아니?

tocar + 관사 + 악기명 ~악기를 연주하다

conocer 알다
manejar 다루다, 조종하다
llegar 도착하다

la oída 듣기, 듣는 일
el autobús 버스
tocar 만지다, 연주하다

la vista 시각, 시력
la catedral 성당
opinar 의견을 가지다

과거완료 만들기

[haber 동사의 불완료과거 + 과거분사]로 표현합니다.

		현재	불완료과거
haber		he	había
		has	habías
		ha	había
		hemos	habíamos
		habéis	habíais
		han	habían
과거분사 ~ado/~ido ~cho ~to		현재완료 (ep.62 참고) 경험, 가까운 과거 표현	과거완료 과거에 이미 행해진 사건에 대한 표현
		he esperado has bebido hemos salido	había esperado habías bebido habíamos salido

과거완료란

과거의 시점에서 이미 행해진 사건을 나타냅니다. haber동사의 불완료과거 + 본동사의 과거분사 형태로, -ar동사는 어미를 -ado로 바꾸어 주고 -er, -ir동사는 어미를 -ido로 바꾸어 줍니다.

Cuando fui al aeropuerto, él ya había salido para Madrid.
내가 공항에 도착했을 때 그는 마드리드로 이미 출발했었다. (=내가 도착하기 전에 이미 출발했어.)

Cuado llegué a la estación, el metro ya había partido.
내가 지하철 역에 도착했을 때, 지하철은 이미 출발했어.

Juan me dijo que nos había esperado más de media hora.
후안이 나에게 그가 우리를 30분 이상 기다렸다고 말했어.

Mi amiga me dijo que había tenido una gripe seria.
내 친구가 나에게 심각한 독감에 걸렸었다고 말했어.

Habíamos olvidado muchas cosas. 우리는 이미 많은 것들을 잊었어.

Cuando volvió, ya habían desaparecido.
그가 돌아왔을 때, 이미 그들은 사라졌었어.

el aeropuerto 공항	media hora 반시간, 30분	partir 출발하다
más de ~이상	la estación 역	el metro 지하철
decir 말하다	olvidar 잊다, 망각하다	la gripe 독감
seri@ 심각한	desaparecer 없어지다, 사라지다	la cosa 물건
volver 돌아오다, 돌아가다		

83

Futuro indicativo
직설법 미래란?

직설법 미래 규칙동사

Hablar 말하다			
현재	단순과거	불완료과거	미래
hablo	hablé	hablaba	hablaré
hablas	hablaste	hablabas	hablarás
habla	habló	hablaba	hablará
hablamos	hablamos	hablábamos	hablaremos
habláis	hablasteis	hablabais	hablaréis
hablan	hablaron	hablaban	hablarán

Mañana hablaremos sobre la escuela nueva.

내일 새로운 학교에 대해 이야기해보자.

Es culpa mía, hablaré con la profesora.

이것은 나의 잘못이야. 내가 교수님과 얘기할게.

Comer 먹다			
현재	단순과거	불완료과거	미래
como	comí	comía	comeré
comes	comiste	comías	comerás
come	comió	comía	comerá
comemos	comimos	comíamos	comeremos
coméis	comisteis	comíais	comeréis
comen	comieron	comían	comerán

Desde ahora no comeré azúcar. 지금부터 설탕을 먹지 않을 거야.

Silvia comerá solo las verduras para su dieta.
실비아는 다이어트를 위해 야채만 먹을 거야.

Vivir 살다			
현재	단순과거	불완료과거	미래
vivo	viví	vivía	viviré
vives	viviste	vivías	vivirás
vive	vivió	vivía	vivirá
vivimos	vivimos	vivíamos	viviremos
vivís	vivisteis	vivíais	viviréis
viven	vivieron	vivían	vivirán

Viviré como un rey/una reina. 나는 왕(여왕)처럼 살 거야.

Después de casarnos, viviremos aquí. 우리 결혼한 후에 이곳에서 살자.

Pero en el futuro viviremos mejor. 하지만 미래에 우리는 더 잘 살 거야.

직설법 미래의 사용방법

1. 미래에 일어나거나 행해질 사건에 대한 설명

    - Te **hablaré** mañana. 내일 너에게 말해줄게.

2. 현재의 일에 대한 상상 혹은 추측

    - Ella **estará** en casa. 그녀는 아마 집에 있을거야.

3. 명령형 (2인칭)

    - ¡**Comerás** todo! 다 먹어! (모두 먹어!)

* 미래형 규칙동사는 동사원형에 어미 **é, ás, á, emos, éis, án**을 붙여서 만들며 emos를 제외하고 모두 아쎈또가 붙습니다.

Es culpa mía. '나의 잘못이야'라는 의미로 mía는 소유사를 후치형으로 사용했습니다. Es mi culpa와 같이 전치형으로 사용하면 명사의 성을 구분하지 않지만, 후치형일 경우에는 명사의 성을 **mía**(여성형)와 **mío**(남성형)으로 구분하여 사용합니다.

Después de '~한 후에'라는 의미로 Después de 뒤에는 동사원형을 사용합니다.

Estudiar 공부하다

현재	단순과거	불완료과거	미래
estudio	estudié	estudiaba	estudiaré
estudias	estudiaste	estudiabas	estudiarás
estudia	estudió	estudiaba	estudiará
estudiamos	estudiamos	estudiábamos	estudiaremos
estudiáis	estudiasteis	estudiabais	estudiaréis
estudian	estudiaron	estudiaban	estudiarán

Cantar 노래하다

현재	단순과거	불완료과거	미래
canto	canté	cantaba	cantaré
cantas	cantaste	cantabas	cantarás
canta	cantó	cantaba	cantará
cantamos	cantamos	cantábamos	cantaremos
cantáis	cantasteis	cantabais	cantaréis
cantan	cantaron	cantaban	cantarán

Aprender 배우다

현재	단순과거	불완료과거	미래
aprendo	aprendí	aprendía	aprenderé
aprendes	aprendiste	aprendías	aprenderás
aprende	aprendió	aprendía	aprenderá
aprendemos	aprendimos	aprendíamos	aprenderemos
aprendéis	aprendisteis	aprendíais	aprenderéis
aprenden	aprendieron	aprendían	aprenderán

sobre ~에 대하여, ~위에
la dieta 다이어트, 식이요법
el azúcar 설탕
el rey 왕
la verdura 야채, 채소
la reina 여왕

미래 규칙동사

Amar 사랑하다

현재	단순과거	불완료과거	미래
amo	amé	amaba	amaré
amas	amaste	amabas	amarás
ama	amó	amaba	amará
amamos	amamos	amábamos	amaremos
amáis	amasteis	amabais	amaréis
aman	amaron	amaban	amarán

Para siempre te amaré. 영원히 너를 사랑할 거야.

Entender 이해하다

현재	단순과거	불완료과거	미래
entiendo	entendí	entendía	entenderé
entiendes	entendiste	entendías	entenderás
entiende	entendió	entendía	entenderá
entendemos	entendimos	entendíamos	entenderemos
entendéis	entendisteis	entendíais	entenderéis
entienden	entendieron	entendían	entenderán

Tu mamá te entenderá si dices la verdad.
네가 진실을 말하면 너희 어머니께서는 너를 이해하실 거야.

Dormir 잠자다

현재	단순과거	불완료과거	미래
duermo	dormí	dormía	dormiré
duermes	dormiste	dormías	dormirás
duerme	durmió	dormía	dormirá
dormimos	dormimos	dormíamos	dormiremos
dormís	dormisteis	dormíais	dormiréis
duermen	durmieron	dormían	dormirán

Hoy dormiré tranquila sin pastilla. 나는 오늘 약 없이 편안히 잘 거야.

1. 여러 가지 -ar 미래 규칙동사

bailar 춤추다	parar 멈추다	pensar 생각하다	entrar 들어가다
bailaré	pararé	pensaré	entraré
bailarás	pararás	pensarás	entrarás
bailará	parará	pensará	entrará
bailaremos	pararemos	pensaremos	entraremos
bailaréis	pararéis	pensaréis	entraréis
bailarán	pararán	pensarán	entrarán

2. 여러 가지 -er 미래 규칙동사

volver 돌아가다, 돌아오다	beber 마시다	creer 믿다	enseñar 가르치다
volveré	beberé	creeré	enseñaré
volverás	beberás	creerás	enseñarás
volverá	beberá	creerá	enseñará
volveremos	beberemos	creeremos	enseñaremos
volveréis	beberéis	creeréis	enseñaréis
volverán	beberán	creerán	enseñarán

3. 여러 가지 -ir 미래 규칙동사

ir 가다	subir 오르다, 올라가다	existir 존재하다	abrir 열다
iré	subiré	existiré	abriré
irás	subirás	existirás	abrirás
irá	subirá	existirá	abrirá
iremos	subiremos	existiremos	abriremos
iréis	subiréis	existiréis	abriréis
irán	subirán	existirán	abrirán

직설법 미래는 1인칭 복수를 제외한 나머지에 모두 아쎈또를 사용합니다.

85 미래 불규칙동사

직설법 미래 불규칙동사 12가지

1. 동사원형의 어미 -er에서 e 탈락

saber 알다	caber 용량이 들어가다	haber 있다	poder 가능하다, 할 수 있다	querer 원하다
sabré	cabré	habré	podré	querré
sabrás	cabrás	habrás	podrás	querrás
sabrá	cabrá	habrá	podrá	querrá
sabremos	cabremos	habremos	podremos	querremos
sabréis	cabréis	habréis	podréis	querréis
sabrán	cabrán	habrán	podrán	querrán

2. 동사원형의 어미 -er/-ir에서 e/i가 d로 변화

tener 가지다	poner 옷을 입히다	valer 가치가 나가다	venir 다가오다, 오다	salir 외출하다, 나가다
tendré	pondré	valdré	vendré	saldré
tendrás	pondrás	valdrás	vendrás	saldrás
tendrá	pondrá	valdrá	vendrá	saldrá
tendremos	pondremos	valdremos	vendremos	saldremos
tendréis	pondréis	valdréis	vendréis	saldréis
tendrán	pondrán	valdrán	vendrán	saldrán

3. 동사원형에서 ce/ec가 탈락

hacer 하다, 만들다, 날씨가 ~이다, 시간이 경과하다	decir 말하다, 얘기하다
haré	diré
harás	dirás
hará	dirá
haremos	diremos
haréis	diréis
harán	dirán

86 미래완료 만들기

[haber 동사의 미래 + 과거분사]로 표현합니다.

		현재	불완료과거	직설법 미래
haber		he	había	habré
		has	habías	habrás
		ha	había	habrá
		hemos	habíamos	habremos
		habéis	habíais	habréis
		han	habían	habrán
과거분사 ~ado/~ido ~cho ~to		현재완료 (ep.62 참고) 경험, 가까운 과거 표현 (~했던 적이 있다, 이미 ~했다)	과거완료 (ep.82 참고) 과거에 행해진 사건에 대한 표현 (이미 ~했었다)	미래완료 1. 미래의 어느 시점까지의 완료 (늦어도 ~때까지) 2. 과거, 현재에 완료된 사건에 대한 상상 혹은 추측 (아마 ~했을 것이다)

He perdido el vuelo. (현재완료) 나는 비행기편을 놓쳤어.

Había perdido el vuelo. (과거완료) 나는 비행기편을 (이미) 놓쳤었어.

Habrá perdido el vuelo. (미래완료) 그는 비행기편을 놓쳤을 거야.

미래완료의 유형

1. 미래의 어느 시점까지의 완료 (늦어도 ~까지는)

    - Él habrá vuelto a casa para el fin de semana.
    그는 (늦어도) 주말까지는 집으로 돌아올 것이다.

    - Mi mamá habrá terminado su trabajo para las 6 de la tarde.
    엄마는 늦어도 오후 6시까지는 (그녀의)일을 끝낼 거야.

2. 과거, 현재에 완료된 사건에 대한 상상 혹은 추측

    * '아마도'라는 표현의 creo que와 함께 자주 사용합니다.

    - Mi amigo Juan ya habrá llegado a México.
    내 친구 후안은 아마 멕시코에 도착했을 거야.

    - Silvia habrá estado en Chile. 아마 실비아는 칠레에 있을 거야.

    - Mi mamá habrá estado en casa. 나의 엄마는 아마도 집에 계실 거야.

    - Mi esposo habrá llegado del viaje de negocios.
    나의 남편은 아마도 출장에서 돌아왔을 거야.

para + 시간적 표현(요일/시간)

'그 시간까지'의 의미이며 기한을 나타낼 때 사용합니다.

el fin 끝, 마지막
el negocio 사업, 비즈니스
el/la espos@ 남편, 아내
el viaje de negocios 출장
el viaje 여행

87 Los colores del arco iris

무지개의 색상

1. 명사의 성과 수에 따라 어미가 바뀌는 색상

명사에 따라 남성과 여성, 단수와 복수도 구분하여 사용합니다.

	남성명사	여성명사
negr@(s) 검은색	el coche negro 검은색 차	la casa negra 검은색 집
blanc@(s) 흰색	el vestido blanco 하얀색 원피스	las camisas blancas 하얀색 셔츠들
roj@(s) 빨간색	el bolso rojo 빨간색 가방	la mochila roja 빨간색 배낭
amarill@(s) 노란색	el gorro amarillo 노란색 모자	la muñeca amarilla 노란색 인형
dorad@(s) 황금색	el cuaderno dorado 금색 노트	la casa dorada 금색 집
platead@(s) 은색	los zapatos plateados 은색 구두	la maleta plateada 은색 여행가방

2. 명사의 수만 구분하여 사용하는 중성(neutro)색상

중성에 해당되는 아래의 색상은 수식하는 명사의 성별에 따라 변하지 않고 그대로 사용하지만, 단수와 복수는 구분하여 사용합니다.

verde(s) 초록색	la casa verde 초록색 집		
azul(es) 파란색	el mar azul 파란색 바다		
gris(es) 회색	la camisa gris 회색 셔츠		
beige(s) 베이지색	la blusa beige 베이지색 블라우스		
marrón(es) 밤색	el lápiz marrón 밤색 연필		
celeste(s) 하늘색	el globo celeste 하늘색 풍선		
violeta(s) 보라색	la flor violeta 보라색 꽃		
rosa(s) 분홍색	la casa rosa 분홍색 집		
naranja(s) 오렌지색	el coche naranja 오렌지색 자동차		

3. 색상에 clar@, oscur@를 함께 사용

연한, 밝은	어두운, 진한
claro / clara	oscuro / oscura
el bolso rojo claro 연한 빨간색 가방 la muñeca amarilla clara 연한 노란색 인형	el bolso rojo oscuro 진한 빨간색 가방 la muñeca amarilla oscura 진한 노란색 인형
la camisa gris clara 연회색 셔츠 el cielo azul claro 연한 파란색 하늘	la casa rosa oscura 진분홍색 집 el mar azul oscuro 남색 바다

Los colores del arco iris 무지개의 색상

| rojo 빨강 | naranja 주황 | amarillo 노랑 | verde 초록 |
| azul 파랑 | azul marino 남색 | violeta 보라 | |

* 무지개(arco iris)가 남성명사이므로 7가지의 색상을 남성 혹은 중성으로 표기합니다.

* 오렌지, 장미라는 명사에서 온 naranja, rosa는 'a'로 끝나지만 중성에 해당하는 색상으로 뒤에 오는 명사가 남성명사이더라도 'a'가 'o'로 변화되지 않습니다.

¿Cuáles son los colores del arco iris? 무지개의 색상은 무엇일까?

¿Cuáles son sus colores? 그의 색상들은 무엇일까?

Los colores del arco iris son 7(siete). 무지개 색상은 모두 7가지야.

La camisa gris clara 연한 회색 셔츠

* La camisa가 여성명사이므로 clara를 사용합니다.

* 연한, 진한을 의미하는 형용사 clar@, oscur@는 중성색상과 함께 쓰는 경우에도 수식하는 명사의 성에 따라 구분하여 사용합니다.

---

el arco iris 무지개	el color 색상	el bolso 가방
el cuaderno 노트	el zapato 구두	la blusa 블라우스
el lápiz 연필	el vestido 원피스	la mochila 배낭
el gorro (캡없는) 모자	la maleta 여행가방	el cielo 하늘
la muñeca 인형	el mar 바다	marin@ 바다의

88

¿De qué color son tus ojos?

너의 눈 색깔은 뭐니?

색의 질문 방법
표현하고자 하는 사물을 확실히 언급하여 묻습니다.

¿De qué color es + 단수명사?
- ¿De qué color es la camisa? 어떤 색 셔츠입니까?

¿De qué color son + 복수명사?
- ¿De qué color son las maletas?
  어떤 색의 여행가방입니까? 여행가방은 무슨 색깔입니까?

신체에 사용되는 색상 명칭

1. 머리 색깔

금발머리	el pelo **rubio**
밤색머리	el pelo **castaño**
검은머리	el pelo **negro**
흰머리	el pelo **blanco**
회색머리	el pelo **gris**

> **+ 동사와 함께 표현**

tener ~색의 머리를 가지고 있다

- Mi mamá tiene el pelo castaño oscuro. 우리 엄마는 진한 밤색 머리야.
- Mi papá tiene el pelo gris. 우리 아빠는 회색 머리야.

ser ~의 머리색은 ~색이다

- El pelo de mi mamá es castaño oscuro. 엄마의 머리카락은 진한 밤색이야.
- El pelo de mi papá es gris. 아빠의 머리 색상은 회색이야.

2. 눈 색깔

파란 눈	los ojos **azules**
초록색 눈	los ojos **verdes**
밤색 눈	los ojos **marrones**

> **+ 동사와 함께 표현**

tener ~색의 눈을 가지고 있다

- Mi amiga Lucía tiene los ojos verdes.

  나의 친구(여자) 루시아는 초록색 눈을 가지고 있어.

- Mi amigo Juan tiene los ojos marrones.

  나의 친구(남자) 후안은 밤색 눈을 가지고 있어.

ser ~의 눈은 ~색이다

- Los ojos de mi amiga Lucía son verdes. 나의 친구 루시아의 눈은 초록색이야.
- Los ojos de mi amigo Juan son marrones. 나의 친구 후안의 눈은 밤색이야.

¿De qué color son tus ojos? 너의 눈 색깔은 뭐니?
- Mis ojos son marrones. 나의 눈은 밤색이야.
- Yo tengo los ojos marrones. 나는 밤색 눈을 가지고 있어.

Mis ojos son marrones. 나의 눈은 밤색이야.
신체부위를 주어로 사용하여 색상을 나타낼 경우에는 주로 ser 동사를 사용합니다.
이 경우, 신체부위의 명사에 소유사를 함께 사용할 수 있습니다.

* '두 눈'은 dos ojos가 아닌 **los ojos**로 씁니다.

Yo tengo los ojos marrones. 나는 밤색 눈을 가지고 있어.
'~는 ~를 가지고 있다'라고 표현할 때는 주어에 따라 tener 동사를 활용하고, 그 뒤에 [관사 + 신체부위 명사]를 씁니다. 이 경우, 신체부위 명사에 소유사를 사용할 수 없습니다.

* Yo tengo mis ojos marrones. (X)

Mi mamá tiene el pelo castaño. 우리 엄마는 밤색 머리를 가지고 계셔.
castañ@는 '밤색 눈'과 '밤색 머리'에만 사용할 수 있는 형용사입니다.

1. 신체부위 명사는 관사를 필요로 하는 명사입니다.
   dos ojos (X) / los ojos (O)
2. rubia / rubio는 '금발'이라는 뜻으로 모발에 사용하는 형용사이며, 관사와 함께 쓰는 경우 명사로도 사용합니다.
   La niña es rubia. 소녀는 금발이다. / El niño es rubio. 소년은 금발이다.
   Aquella rubia es amable. 저 금발 여자는 친절하다.
   Aquel rubio es amable. 저 금발 남자는 친절하다.

el color 색상, 색깔	la maleta 여행가방	la cana 백발, 흰머리
el pelo 모발, 머리카락, 털	la camisa 셔츠	rubi@ 금발의
la rubia 금발의 여자	el rubio 금발의 남자	castañ@ 밤색의
negr@ 검정의	blanc@ 흰색의, 하얀	gris 회색의
oscur@ 어두운, 컴컴한	azul 파랑의, 푸른	verde 녹색, 초록의, 푸르른
marrón 밤색의		

89 조건법(가능법) 규칙동사

조건법(condicional)

조건법은 정중하게 부탁하거나 조언할 때, 과거/현재/미래의 일을 추측할 때 사용하며, 겸손함이나 강한 원망도 표현할 수 있습니다.

Hablar 말하다

현재	단순과거	불완료과거	미래	조건법
hablo	hablé	hablaba	hablaré	hablaría
hablas	hablaste	hablabas	hablarás	hablarías
habla	habló	hablaba	hablará	hablaría
hablamos	hablamos	hablábamos	hablaremos	hablaríamos
habláis	hablasteis	hablabais	hablaréis	hablaríais
hablan	hablaron	hablaban	hablarán	hablarían

Yo que tú, no hablaría la verdad. 내가 너라면 진실을 말하지 않겠어.

Yo que tú, hablaría en español. 내가 너라면 스페인어로 말하겠어.

Mis padres hablarían por teléfono con mi maestra la semana pasada.
지난 주에 우리 부모님이 선생님과 통화하셨을 거야.

Comer 먹다

현재	단순과거	불완료과거	미래	조건법
como	comí	comía	comeré	comería
comes	comiste	comías	comerás	comerías
come	comió	comía	comerá	comería
comemos	comimos	comíamos	comeremos	comeríamos
coméis	comisteis	comíais	comeréis	comeríais
comen	comieron	comían	comerán	comerían

Yo que tú, comería con un tenedor.
내가 너라면 포크로 먹을 것 같아.

Yo que tú, comería el pescado con espinas.
내가 너라면 가시 있는 생선 요리를 먹을 것 같아.

Mis amigos no comerían en la tienda de la esquina de ayer.
내 친구들은 어제 갔던 모퉁이 가게에서 먹지 않았을 거야.

Vivir 살다

현재	단순과거	불완료과거	미래	조건법
vivo	viví	vivía	viviré	viviría
vives	viviste	vivías	vivirás	vivirías
vive	vivió	vivía	vivirá	viviría
vivimos	vivimos	vivíamos	viviremos	viviríamos
vivís	vivisteis	vivíais	viviréis	viviríais
viven	vivieron	vivían	vivirán	vivirían

Yo que tú, viviría sin problemas.
내가 너라면 문제없이 잘 살 것 같아. (내가 너라면 더 바랄 것 없이 살 것 같아.)

Yo que tú, viviría en el campo.
내가 너라면 시골에서 살 것 같아.

Yo que tú, viviría como un rey(una reina).
내가 너라면 왕(왕비)처럼 살 것 같아.

Los dinosaurios vivirían por unos cien años.
공룡은 대략 100년 동안 살았을 거야.

조건법은 매우 다양하게 사용합니다. 정중하게 부탁할 때, 조언할 때, 과거 / 현재 / 미래의 일을 추측할 때 사용되며 겸손함이나 강한 원망도 나타낼 수 있습니다.

1. 가능성, 추측: ~일 것이다

- Estarían durmiendo cuando llegué.
  내가 도착했을 즈음엔 아마 그들은 자고 있을 거야.

- Yo creo que llegaríamos a tiempo. 내 생각엔 우리가 제시간에 도착할 것 같아.

- ¿Dónde estaría mi novi@ a esa hora? 내 애인은 그 시간에 어디에 있었을까?

- ¿A dónde se habría ido mi hermana? 내 여동생은 대체 어디로 간 것일까?

2. 정중한 부탁, 질문: ~해 주실 수 있겠습니까?

- ¿Podrías darme un poco de agua? 물 좀 줄 수 있나요?

- ¿Podría ir al baño? 화장실에 가도 될까요?

- ¿Podría pedir un taxi al hotel para mí? 호텔로 택시를 불러 주실 수 있나요?

3. 조언: ~를 하는 것이 좋을 거야

- Deberías cuidarte más del sol. 햇빛을 더 조심하는 것이 좋을 거야.

- Deberías comprar frutas en vez de galletas.
  과자 대신 과일을 사는 것이 좋을 것 같아.

- Yo que tú, no me preocuparía tanto.
  내가 너라면 그렇게 걱정하지 않을 거야.

4. 과거에서 본 미래: ~한다고 했다

- Me dijo que vendría pronto. 빨리 올 것이라고 나에게 말했어.

- Pensé que se veía más bonita en persona.
  실물이 더 예쁠 것이라고 생각 했어.

5. 현재와 미래의 추측: ~할 것이다

- Saldría bien temprano para llegar rápido.
  빨리 도착할 수 있도록 아주 일찍 나갈 거야.

- ¿Cuánta gente vendría hoy aquí? 얼마나 많은 사람들이 여기 올까?

1. 조건법 활용은 -ar, -er, -ir동사 모두 동일하며, 모든 변형에 아쎈또가 붙습니다.
2. 숫자 ciento와 uno는 바로 뒤에 명사가 오는 경우 어미 -o가 탈락됩니다.
   ciento años(X) → cien años(O)
   treinta y uno tenedores(X) → treinta y un tenedores(O)
3. verse는 재귀동사입니다. 재귀동사의 se는 주어에 따라 변화하며 주어의 행동이 주어에게 되돌아오는 동사입니다. 즉, 재귀동사는 '주어가 스스로 ~하게 하다'라는 뜻입니다.
4. lavar는 '씻기다', lavarse는 '스스로를 씻기다'라는 뜻으로 '씻다'라는 의미가 됩니다.
   - Los niños se lavan las manos antes de comer. 아이들은 식사하기 전에 손을 씻어요.

yo que tú 내가 너라면
la semana pasada 지난 주
la espina 가시, 생선 뼈
ayer 어제
el dinosaurio 공룡
dormir 자다, 재우다, 잠들다
a tiempo 정각에
la hora 시간
poc@ 조금
el baño 화장실
deber ~해야 한다, ~일 것이다
comprar 구입하다, 사다, 매입하다
la galleta 크래커, 과자
pronto 신속히, 즉시, 곧, 미리
en persona 실물로, 직접
tempran@ 이른, 일찍
cuánt@ 몇 개의, 얼마나 많은, 얼마만큼의

la verdad 진실, 사실, 진리
el tenedor 포크
la tienda 가게
el problema 문제, 의문
cien 100
llegar 도착하다, 도래하다
dónde 어디에
el/la herman@ 형제, 자매
el agua 물
pedir 요구하다, 부탁하다, 주문하다, 구걸하다, 원하다
cuidar 신경쓰다, 돌보다
la fruta 과일
preocupar 걱정시키다
verse ~해 보이다, 어울리다, 만나다
poder ~할 수 있다, ~할지도 모른다
rápid@ 빠른, 신속한, 민첩한

hablar por teléfono 전화하다
el pescado 생선, 생선요리, 물고기
la esquina 모퉁이
el campo 시골, 장소, 터, 초원
el año 년
creer 믿다, 생각하다
es@ 그
dar 주다, 기부하다
ir a ~로 가다
más 더
en vez de ~대신에, ~반대로
tant@ 그렇게 많은, 이렇게
bonit@ 예쁜, 귀여운
bien 아주, 잘, 충분히, 정확하게

90 조건법 불규칙 동사 1

tener, poner, valer, venir, salir

어미의 e와 i를 d로 교체

tener	poner	valer	venir	salir
tendría	pondría	valdría	vendría	saldría
tendrías	pondrías	valdrías	vendrías	saldrías
tendría	pondría	valdría	vendría	saldría
tendríamos	pondríamos	valdríamos	vendríamos	saldríamos
tendríais	pondríais	valdríais	vendríais	saldríais
tendrían	pondrían	valdrían	vendrían	saldrían

조건법 불규칙 1인칭 연습

tener → tendría
poner → pondría
valer → valdría
venir → vendría
salir → saldría

* 1인칭 활용이 익숙해지면 나머지 인칭 활용을 쉽게 할 수 있습니다.

Ustedes tendría que agradecer al Sr.Miguel.
당신은 미겔씨에게 감사의 말씀을 전해야 할 거에요.

Su novio tendría 30 o 31 años. 그녀의 남자친구는 아마 30살 혹은 31살일 거야.

¿Dónde pondríamos todo el equipaje? 모든 짐은 어디에 내려 둘까요?

¿Pondría más hielo en la bebida? 음료수에 얼음 더 넣을까?

¿Cuánta gente vendría hoy aquí? 얼마나 많은 사람들이 여기 올까?

¿Vendría el autobús en la tarde? 오후에 버스가 올까?

La falda valdría 500 pesos. 치마는 500페소일 거야.

Este documento no valdría en el país extranjero.
이 서류는 외국에서 효력이 없을 거야.

¿A qué hora saldrías del trabajo hoy? 너는 오늘 몇 시에 퇴근할 것 같니?

El álbum de la fiesta saldría este fin de mes.
파티 앨범은 이번 달 말에 나올 거야.

1. 직설법 미래의 동사활용 어근과 조건법의 어근은 규칙형과 불규칙형 모두 동일합니다.
2. -ar 동사는 불규칙형이 없습니다.

tener 가지다, 소유하다　　poner 놓다, 두다　　valer 값어치가 있다, 유의미하다
venir 오다, 도착하다　　salir 가다, 출발하다, 떠나다　　agradecer 감사하다
el/la novi@ 애인　　la gente 사람들　　el autobús 버스
en la tarde 오후에　　a qué hora 몇 시에　　el fin de mes 월말
el álbum 앨범　　la fiesta 파티　　salir de trabajo 퇴근하다

91 조건법 불규칙 동사 2

haber, saber, querer, poder, caber, hacer, decir

어미의 모음 e가 탈락

haber	saber	querer	poder	caber
habría	sabría	querría	podría	cabría
habrías	sabrías	querrías	podrías	cabrías
habría	sabría	querría	podría	cabría
habríamos	sabríamos	querríamos	podríamos	cabríamos
habríais	sabríais	querríais	podríais	cabríais
habrían	sabrían	querrían	podrían	cabrían

ce, ec 탈락

hacer	decir
haría	diría
harías	dirías
haría	diría
haríamos	diríamos
haríais	diríais
harían	dirían

No habría sobreviviente del accidente. 사고 생존자는 없을 거야.

Los técnicos ya sabrían los defectos de la máquina.
기술자들은 이미 기계의 결함을 알고 있었을 거야.

Jamás querría estar entre ustedes.
그는 결코 당신들 사이에 있고 싶지 않았을 거에요.

Nadie podría hacerlo, excepto tú. 너 아니면 아무도 할 수 없었을 거야.

En esta bolsa(este bolsillo) no cabría mi tarjeta de crédito.
이 주머니에는 내 신용카드가 들어가지 않을 것 같아.

¿Podría pedir un taxi al hotel para mí? 호텔로 택시를 불러 주실 수 있나요?

¿Podría mostrarme las notas de mi hija?
제 딸의 성적을 보여주실 수 있나요?

¿Podría traerme unas servilletas? 냅킨을 좀 갖다 줄 수 있나요?

Las chicas habrían cocinado mejor la comida.
소녀들은 더 나은 점심 요리를 했을 거야.

Habría ido pero nunca me invitó formalmente.
나는 갔을 거지만, 한 번도 나를 정식으로 초대하지 않았어.

Yo no lo haría sin ti. 나는 너 없이는 그것을 하지 않을 것 같아.

No sé lo que dirían por detrás. 나는 내 뒤에서 무슨 말을 하는지 몰라요.

Yo lo haría todo para ti. 난 널 위해서라면 모두 하겠어.

Yo que tú, no lo diría a nadie. 내가 너라면 아무에게도 말하지 않을 것 같아.

Nosotros diríamos los resultados finales.
우리는 최종 결과를 말해줄 거예요.

'haber동사 현재 + 과거분사'는 현재완료 형태이며 과거의 일이지만 그 결론은 현재까지 영향을 미치고 있을 때 사용합니다.

- Todo ha salido mal por mi culpa.   제 잘못으로 전부 나쁜 결과가 나왔어요.

haber 일어나다, 생기다, 발생하다, 소유하다, 가지다
querer 원하다, 탐내다, 좋아하다, 사랑하다
caber 넣다, 담다, 용량이 있다, 여지가 있다
decir 말하다, 언급하다
el accidente 사고
el defecto 결함, 단점
jamás 결코 ~이 아니다, 한번도 ~이 아니다, 지금까지
nadie 아무도
pedir un taxi 택시를 잡다
mostrar 보여주다
el/la hij@ 아들, 딸
la servilleta 냅킨
la tarjeta de crédito 신용카드
cocinar 요리하다, 삶다
mejor 더 나은, 더 좋은
invitar 초대하다, 한턱내다, 권유하다
sin ~없이
para ~위해
el resultado 결과, 성적

saber 알다, 인지하다, 이해하다
poder 할 수 있다, 가능하다
hacer 만들다, 창작하다, 제작하다, 이행하다
el sobreviviente 생존자
el/la técnic@ 기술자
la máquina 기계
entre ~사이에
excepto ~을 제외하고
el hotel 호텔
la nota 성적
traer 가지고 오다
la bolsa 주머니, 가방
el/la chic@ 소년, 소녀
la comida 음식, 식품, 식사, 점심
nunca 한번도 ~않다
formalmente 정식으로
tod@ 모두
por detrás 당사자가 없는 곳에서, 뒤에서
final 최후의, 최종의, 궁극의

관계대명사 1
que

관계대명사는 두 문장을 하나로 합칠 때, 언급된 단어를 반복하지 않도록 도와주는 역할을 합니다. 그 중 관계대명사 **que**는 사람 혹은 사물을 모두 가리킬 수 있기 때문에 가장 많이 쓰며, 의문사 **qué**와 달리 아쎈또가 없습니다.

Quiero leer **un libro**.	Mi amigo Juan tiene **un libro**.
나는 책을 한 권 읽고 싶어.	내 친구 후안은 책이 한 권 있어.

Quiero leer **el libro** que tiene mi amigo Juan.
나는 내 친구 후안이 가지고 있는 책을 읽고 싶어.

Quiero salir con **Lucas**.	**Lucas** vive cerca de mi casa.
나는 루까스와 데이트하고 싶어.	루까스는 우리 집 근처에 살아.

Quiero salir con **Lucas** que vive cerca de mi casa.
나는 우리 집 근처에 사는 루까스와 데이트하고 싶어.

Tengo **un amigo** muy guapo	**El amigo** nunca ha tenido novia
나는 정말 잘생긴 친구가 있어.	그 친구는 한 번도 여자친구를 사귄 적이 없어.

Tengo **un amigo** muy guapo que nunca ha tenido novia
나는 한번도 여자친구를 사귄 적이 없는 잘생긴 친구가 있어.

Check point

Quiero comprar **una mochila blanca**.	En el centro comercial se vende **una mochila blanca**.
나는 흰 가방을 사고 싶어.	백화점에서 흰 가방을 팔아.

Quiero comprar **la mochila blanca** que se vende en el centro comercial.
나는 백화점에서 파는 흰 가방을 사고 싶어.

Mi hermana tiene **un novio**.	**El novio** de mi hermana estudia diseño industrial.
내 여동생은 남자친구가 있어.	내 여동생의 남자친구는 산업 디자인을 공부해.

Mi hermana tiene **un novio** que estudia diseño industrial.
내 여동생은 산업 디자인을 공부하는 남자친구가 있어.

Tengo **un libro de historia**.	**El libro de historia** es muy interesante.
나는 역사책 한 권을 갖고 있어.	그 역사책은 매우 흥미로워.

Tengo **un libro de historia** que es muy interesante.
나는 매우 흥미로운 역사책을 한 권 갖고 있어.

La profesora se refiere a **la noticia** del día.	**La noticia** se trata de la presidenta de Corea.
선생님은 오늘의 뉴스를 참조해.	그 뉴스는 대한민국 대통령에 대한 내용이야.

La profesora se refiere a **la noticia** del día que se trata de la presidenta de Corea.
선생님은 대한민국 대통령에 대한 오늘의 뉴스를 참조해.

1. 특정 인물을 지칭할 때를 제외하고, que절의 목적어가 사람이더라도 que 앞에 전치사 a를 생략합니다. *conocer a (사람을) 알다
   - El chico que conozco, tuvo un accidente.
     내가 아는 남자 아이는 사고를 당했어.
   - Juan, al que conozco, tuvo un accidente.
     내가 아는 후안은 사고를 당했어. (내 지인 후안은 사고를 당했어.)

2. venderse, tratarse에서 동사 뒤에 붙는 se는 무인칭의 se입니다. 문장에 특정한 주어가 없을 때, '사람/사람들은' 정도로 해석합니다. 주어는 없지만 동사 뒤에 오는 명사에 따라 단수 혹은 복수로 사용합니다.
   - Se hace ejercicio en el gimnasio. (사람들은) 체육관에서 운동을 해요.
   - Se venden los pescados. 생선을 팔아요.

leer 읽다
querer 원하다, 바라다
la mochila (책가방, 에코백 같은)가방
el centro comercial 백화점, 쇼핑몰
salir 나가다, 출발하다
cerca de 근처, 가까이, 부
la historia 역사
el profesor (남자) 교수, 선생님
referir 참조시키다, 관련시키다, 지칭하다, 언급하다
tratar 취급하다, 다루다, 대우하다, 대하다
conocer 알다, (사람을) 알다, 식별할 수 있다, 경험하다
el ejercicio 연습, 운동
la presidenta 여자 대통령

el libro 책
comprar 사다, 구입하다
blanc@ 흰, 하얀
vender 팔다, 판매하다
salir con ~와 데이트하다
el diseño industrial 산업 디자인
interesante 흥미로운, 재미있는
la profesora (여자) 교수, 선생님
la noticia del día 오늘의 뉴스
tratarse de ~에 관한 것이다
el accidente 사고, 사건
el gimnasio 체육관, 실내경기장
el presidende 대통령

관계대명사 2

el que, los que, la que, las que

관계대명사 **el que / los que / la que / las que**는 앞서 언급한 명사를 중복하고 싶지 않을 때, 이미 언급된 명사를 확실히 표현하기 위해 사용합니다. 의문사와 달리 아쎈또가 없으며, 명사의 성/수에 맞추어 활용합니다.

¿Tienes un **lapicero** verde? 너 초록색 펜 있니?

No, **el que** tengo es negro. 아니, 내가 가진 펜은 검은색이야.

¿Cómo se llaman **ellas**? 저 여자아이들 이름이 뭐야?

La que está allá, se llama Ana. 저 쪽에 있는 여자아이 이름은 아나야.
Y **las que** están al otro lado, se llaman Clara y Lina.
그리고 반대편에 있는 여자아이들의 이름은 끌라라와 리나야.

El artista que amo no es Picasso. 내가 좋아하는 예술가는 피카소가 아니야.

El artista que amo es Van Gogh. 내가 좋아하는 예술가는 반 고흐야.

El artista que amo no es Picasso, **el que** (yo) amo es Van Gogh.
내가 좋아하는 예술가는 피카소가 아니라 반 고흐야.

¿Qué tal estuvo **la película** que viste ayer? 어제 본 영화 어땠어?

No me gustó mucho, me pareció más interesante **la que** vi antier.
별로였어. 내 생각엔 엊그제 본 영화가 더 흥미로웠어.

Deseo escribir una carta para **mi papá**. 아빠에게 편지를 쓰고 싶어.

Mi papá llegará dentro de unos días. 우리 아빠는 며칠 후에 도착할 거야.

> Deseo escribir una carta para **mi papá**
> el que llegará dentro de unos días.
> 며칠 후 도착할 아빠에게 편지를 쓰고 싶어.

1. 관계대명사와 비슷한 lo que는 생각이나 행동, 개념을 지칭할 때 사용하며 '~한 것'으로 해석합니다. 사람이나 사물을 지칭할 때는 사용하지 않으므로 주의해서 사용합니다.
   - Lo que necesitamos es más tiempo. 우리가 필요한 것은 더 많은 시간이야.
   - Perdí mi reloj, lo que me dejó muy triste.
     시계를 잃어버렸어, 그 사실은 나를 매우 슬프게 만들었어.

2. gustar동사는 '~에게 기쁨을 주다'라는 뜻으로 간접목적어를 동반해서 활용합니다. gustar동사와 같은 역구조동사로는 parecer, encantar, doler 등이 있습니다.
   - Me gusta vivir en el campo.
     시골에 사는 것은 나에게 기쁨을 줘. (= 나는 시골에 사는 것이 좋아.)

el lapicero 펜, 볼펜, 필기구
negr@ 검은, 어두운
allá 저쪽으로, 그 부근에서
el / la artista 예술가
la película 영화, 필름
antier 엊그제, 그저께
interesante 재미있는, 흥미있는, 관심있는
escribir 글을 쓰다
dentro de ~안에
perder 잃다, 놓치다
dejar 놓다, 남기다, 맡기다, (~한 상태로) 두다

verde 초록색
llamarse 이름이 ~이다, ~라 불리다
al otro lado 맞은편에
amar 사랑하다, 좋아하다
ver 보다, 보이다
parecer ~와 닮다, ~와 같이 생각한다
desear 원하다, 바라다
llegar 도착하다, 도달하다
necesitar 필요하다, 필요로 하다
el reloj 시계
triste 슬픈, 우울한, 불쾌한

관계대명사 3
quien

quien(단수)/quienes(복수)는 사람을 가리키는 관계대명사로 앞에서 언급된 사람을 반복하지 않도록 도와주는 역할을 하며, 의문사 **quién**과 달리 아쎈또가 없습니다.

Tengo una amiga llamada **Nora**.
나는 노라라는 이름의 친구가 있어.

Nora es muy inteligente.
노라는 매우 영리해.

Tengo una amiga llamada **Nora** quien es muy inteligente.
나는 매우 영리한 노라라는 이름을 가진 친구가 있어.

Él es mi novio **Juan**.
그는 내 남자친구 후안이야.

Voy a viajar con **Juan** para Chiapas.
나는 치아빠스로 후안과 함께 여행을 갈 거야.

Él es mi novio **Juan** con quien voy a viajar para Chiapas.
그는 나와 치아빠스로 함께 여행을 갈 내 남자친구 후안이야.

Ellos son **mis compañeros**.
그들은 내 동료들이야.

Mis compañeros son de Chiapas.
내 동료들은 치아빠스 출신이야.

Ellos son **mis compañeros** quienes son de Chiapas.
그들은 치아빠스 출신으로 내 동료들이야.

Check point

Yo estoy con **Julio**.	Yo amo mucho a **Julio**.
나는 훌리오와 함께 있어.	나는 훌리오를 매우 사랑해.

Yo estoy con **Julio** a quien amo mucho.
나는 내가 매우 사랑하는 훌리오와 함께 있어.

Yo respeto a **mi esposo**.	Yo quiero mucho a **mi esposo**.
나는 내 남편을 존중해.	나는 내 남편을 매우 사랑해.

Yo respeto a **mi esposo** a quien quiero mucho.
나는 내가 매우 사랑하는 내 남편을 존중해.

문장이 주어로 시작할 경우, 주어와 동사 사이에 콤마와 quien을 사용해 주어에 대한 부가설명을 할 수 있습니다.

Nora va a regresar a México.	**Nora** me visitó la semana pasada.
노라는 멕시코로 돌아갈 거야.	노라는 지난주에 날 만나러 왔어.

Nora, quien me visitó la semana pasada, va a regresar a México.
지난주 날 만나러 왔던 노라는 멕시코로 돌아갈 거야.

Nora vive en Chiapas.	**Nora** es mi mejor amiga.
노라는 치아빠스에 살아.	노라는 내 가장 친한 친구야.

Nora, quien vive en Chiapas, es mi mejor amiga.
치아빠스에 사는 노라는 내 베스트프렌드야.

속담이나 격언 등에서 quien을 주어로 사용하기도 합니다.

Quien no trabaja, no come. 일하지 않은 자, 먹지도 말라.

Quien a buen árbol se arrima, buena sombra le cobija.
좋은 나무 곁에 가는 사람이 좋은 그늘에서 쉰다.

Sea quien sea, no quiero hablar con nadie.
누가 되었든 간에, 아무 와도 말하고 싶지 않아요.

llamar 부르다, 명칭하다, 전화를 걸다
viajar 여행하다
respetar 존중하다, 존경하다
regresar 되돌아가다
el/la mejor amig@ 가장 친한 친구
arrimar a ~에 가까이하다, ~의 옆에 놓다
cobijar 덮다, 씌우다, 보호하다

inteligente 영리한, 머리가 좋은
el/la compañer@ 동료, 짝
el/la espos@ 남편, 아내
la semana pasada 지난주
el árbol 나무
la sombra 그림자

95 관계대명사 4

el cual, los cuales, la cual, las cuales

관계대명사 **el cual / los cuales / la cual / las cuales**는 관계대명사 **que**와 같은 역할을 하며 정관사를 반드시 동반합니다. 앞에서 이미 언급된 명사가 두 개 이상일 경우 언급하고자 하는 어휘(선행사)의 성/수를 구별해서 사용합니다. 다른 관계대명사와 마찬가지로 아쎈또가 없습니다.

Tengo que leer **el libro**.	Mi amigo Juan tiene **el libro**.
나는 책을 읽어야 해.	내 친구 후안이 책을 가지고 있어.

Tengo que leer **el libro** el cual tiene mi amigo Juan.
나는 내 친구 후안이 가지고 있는 책을 읽어야 해.

Quiero comprar **la mochila blanca**.	**La mochila blanca** se vende en el centro comercial.
나는 흰색 가방을 사고싶어.	쇼핑몰에서 흰색 가방을 팔아.

Quiero comprar **la mochila blanca** la cual se vende en el centro comercial.
나는 쇼핑몰에서 파는 흰색 가방을 사고 싶어.

Tengo que hacer la cena con **Juan**. 나는 후안과 저녁을 준비해야 해.	**Juan** trabaja mucho. 후안은 일을 많이 해.

Tengo que hacer la cena con **Juan** el cual trabaja mucho.
나는 일을 많이 하는 후안과 함께 저녁을 준비해야 해.

Tengo que hacer **la cena** con Juan. 나는 후안과 저녁을 준비해야 해.	**La cena** es para su madre. 그의 어머니를 위한 저녁이야.

Tengo que hacer **la cena** con Juan la cual es para su madre.
나는 후안과 함께 그의 어머니를 위한 저녁을 준비해야 해.

Deseo escribir **unas cartas** para mi papá. 나는 아빠에게 편지를 쓰고 싶어.	**Las cartas** llegarán dentro de unos días. 편지는 몇일 안에 도착할 거야.

Deseo escribir **unas cartas** para mi papá las cuales llegarán dentro de unos días.
나는 몇일 안에 도착할 편지를 아빠에게 쓰고 싶어.

Deseo escribir una carta para **mi papá**. 나는 아빠에게 편지를 쓰고 싶어.	**Mi papá** llegará dentro de unos días. 아빠는 몇일 안에 도착할 거야.

Deseo escribir una carta para **mi papá** el cual llegará dentro de unos días.
나는 몇일 안에 도착할 아빠에게 편지를 쓰고 싶어.

Check point

| Quiero estar en casa con **mis perros**.
나는 내 애완견들과 집에 있고 싶어. | **Los perros** están contentos.
애완견들은 즐거워. |

Quiero estar en casa con **mis perros** los cuales están contentos.
나는 즐거운 애완견들과 집에 있고 싶어.

| Quiero estar en casa con **mi perro**.
나는 내 애완견과 집에 있고 싶어. | **El perro** está contento.
애완견은 즐거워. |

Quiero estar en casa con **mi perro** el cual está contento.
나는 즐거운 애완견과 집에 있고 싶어.

1. el cual/los cuales/la cual/las cuales 모두 que로 바꿔 쓸 수 있습니다.
2. [tener que + 동사원형]은 '~을 해야 한다'라는 뜻으로 [deber + 동사원형]과 뜻이 같습니다.
   * [tener que + 동사원형]은 주어의 의지 혹은 의무를 표현하고, [deber + 동사원형]은 그보다 조금 더 강한 의무를 나타냅니다.
   - Tiene que pagar la luz. 당신은 전기세를 내야 해요.
   - Tienes que auxiliar a la víctima de un accidente. 너는 사고 희생자를 도와야 해.
   - Debes estudiar más. 너는 공부를 더 해야 해.
   - Debes ayudar a tu madre. 너는 어머니를 도와야 해.

la mochila 가방, 자루, 주머니
hacer la cena 저녁을 하다
el / la perr@ 개
pagar 지불하다
la víctima 희생자

blanc@ 하얀
desear ~하고싶다
estar en casa 집에 있다
la luz 빛, 전기
ayudar a ~를 돕다

vender 팔다, 판매하다, 팔리다
la carta 편지, 서류
content@ 기쁜, 즐거운
auxiliar a ~를 돕다, 구조하다

관계형용사

cuyo, cuyos, cuya, cuyas

관계형용사는 소유를 나타내며, 관계대명사와 마찬가지로 앞서 언급된 명사를 중복하고 싶지 않을 때 사용합니다. 선행사가 아닌 동반되는 명사의 성/수에 일치합니다. 사물이나 사람에게 사용하며 행위에는 사용하지 않습니다.

Tengo el libro en casa.	El precio de libro es muy caro.
나는 집에 그 책을 가지고 있어.	그 책은 매우 비싸.

Tengo el libro en casa, cuyo precio es muy caro.
나는 집에 책이 있는데 그 책은 매우 비싸.

La casa tiene puerta.	El color de la puerta es blanco.
집에 문이 있어.	문의 색은 흰색이야.

La casa tiene una puerta, cuyo color es blanco.
(=La casa cuya puerta es blanca.)
집에는 문이 있고 그 문은 흰색이야.

Los niños son inteligentes.	Sus padres también son inteligentes.
아이들은 머리가 좋아.	부모도 총명해.

Los niños son inteligentes, cuyos padres son inteligentes.
아이들은 머리가 좋고 부모도 총명해.

Check point

El apartamento es caro.	El precio está fuera de mis posibilidades.
아파트는 비싸.	내 능력 밖이야.

El apartamento es caro, **cuyo** precio está fuera de mis posibilidades.
아파트는 비싸서 내 능력 밖이야.

Esa mujer tiene hijos inteligentes.	Sus hijos son ingenieros.
그 여자는 똑똑한 아들들이 있어.	아들들은 기술자야.

Esa mujer tiene hijos ingenieros, **cuyos** hijos son inteligentes.
(=Esa mujer tiene hijos inteligentes, **cuyas** profesiones son ingenieros.)
그 여자는 똑똑한 아들들이 있는데 그 아들들의 직업은 기술자야.

Vocabulario & Tip

1. inteligente는 '총명한'이라는 뜻입니다. 유사한 뜻을 가진 형용사는 listo, ingenioso, 반대의 뜻을 가진 형용사는 tonto, ignorante가 있습니다.

   * listo의 경우 estar동사를 동반하면 '준비됐다'라는 의미로 사용되지만 ser동사를 동반하면 '영리하다'라는 전혀 다른 의미가 되니 주의해서 사용해야 합니다.

2. estar fuera de posibilidad은 '능력 밖이다'라는 뜻이며, 비슷한 구문으로 estar fuera de control '관할 밖이다', '제어할 수 없다'가 있습니다.

el precio 가격, 비용
el color 색, 책채, 특색
el/la ingenier@ 기술자
la posibilidad 가능성, 일어날 수 있는 일
car@ 비싼, 고가의
la mujer 여자, 여성, 아내
el apartamento 아파트
la puerta 문, 입구
la profesión 직업
estar fuera de ~의 밖이다

관계부사
donde

관계부사 **donde**는 장소를 나타내며, 의문사 **dónde**와 달리 아쎈또가 없습니다.

La casa es de dos plantas. 집은 2층이야.	Yo vivo en **una casa**. 나는 집에 살고 있어.

La casa donde vivo es de dos plantas.
내가 사는 집은 2층이야.

La biblioteca está lejos de mi casa. 도서관은 우리 집에서 멀리 있어.	Estudio diariamente en **una biblioteca**. 나는 매일 도서관에서 공부해.

La biblioteca donde estudio diariamente está lejos de mi casa.
내가 매일 공부하는 도서관은 우리집에서 멀리 있어.

La ciudad es muy grande. 도시는 매우 커.	Yo nací en **una ciudad** muy grande. 나는 매우 큰 그 도시에서 태어났어.

La ciudad donde nací es muy grande.
내가 태어난 도시는 매우 커.

Check point

Yo vivo en **un apartamento**.
나는 아파트에 살아.

El apartamento es muy caro para vivir solo.
아파트는 혼자 살기에는 너무 비싸.

Yo vivo en **un apartamento** donde es muy caro.
나는 매우 비싼 아파트에 살고 있어.

Mi oficina está **en Jamsil**.
내 사무실은 잠실에 있어.

Jamsil es una ciudad para los jóvenes.
잠실은 젊은이들을 위한 도시야.

Mi oficina está en **Jamsil** donde es una ciudad para los jóvenes.
나의 사무실은 젊은이들을 위한 잠실에 있어.

지금까지 6강에 걸쳐 배운 관계사는 다음과 같으며, 성/수에 주의하여 활용합니다.

사람, 사물	que	
사람, 사물	el que / la que / los que / las que	성/수 구별
사람	quien / quienes	수 구별
사람, 사물	el cual / la cual / los cuales / las cuales	성/수 구별
사람, 사물	cuyo / cuya / cuyos / cuyas	성/수 구별
장소	donde	

la gente는 '사람들'이라는 뜻으로 의미는 복수이지만 문법상 단수로 취급합니다.
- La gente entra a las 9 de la noche. 사람들은 저녁 9시에 입장합니다.

la planta 층, 식물
estudiar 공부하다, 연구하다, 연습하다
la ciudad 도시
la biblioteca 도서관
diariamente 매일
nacer 태어나다, 싹이 트다, 알에서 나오다
lejos de ~에서 멀리
grande 큰
la gente 사람들

98. 조건법 완료형

조건법 완료형은 현재와 과거에서 본 미래의 추측 혹은 상상을 표현할 때 사용합니다.

haber 동사의 조건법		과거분사	
habría			
habrías		~ar → ~ado	규칙
habría	+	~er/-ir → ~ido	
habríamos		~cho	불규칙
habríais		~to	
habrían			

Ellos me dijeron que Beatriz se habría casado con un coreano.
그들은 나에게 베아뜨리스가 한국인과 결혼했을 거라고 말했어.

Habría sido la 1 cuando llegaron.
그들이 도착했을 때는 1시였을 거야.

Habrían sido las 7 de la tarde cuando llegamos.
우리가 도착했을 때는 오후 7시였을 거야.

Creo que ya habrían leído todo el libro.
나는 그들은 이미 책을 다 읽었을 것이라고 생각해.

Ya habrían terminado todo el trabajo.

그들은 이미 일을 모두 마쳤을 거야.

¿Ya habrían vuelto a casa? 그들은 이미 집으로 돌아갔을까?

Habría terminado la tarea a tiempo.

그는 제시간에 숙제를 끝냈을 거야.

Habría llegado a tiempo a la clase de matemáticas.

그는 수학 수업에 제 시간에 도착했을 거야.

Me siento llen@. 나는 배가 불러.

Habría bebido mucha agua.

agua는 남성명사로 알고 있지만, 여성명사가 뿌리이므로 **mucha**를 사용합니다.

과거분사 불규칙형 (-cho/-to)

동사원형	과거분사	뜻
decir	dicho	말하다
hacer	hecho	하다
abrir	abierto	열다
cubrir	cubierto	덮다
escribir	escrito	쓰다
morir	muerto	죽다
poner	puesto	넣다
romper	roto	깨뜨리다
ver	visto	보다
volver	vuelto	돌아가다, 돌아오다

casarse con ~와 결혼하다
creer 생각하다, 믿다
volver a casa 집으로 돌아가다
el/la mejor amig@ 친한 친구
llegado llegar(도착하다)의 과거분사
bebido beber(마시다)의 과거분사
demasiado 너무나, 지나치게, 과하게

el/la corean@ 한국인
terminar 끝내다, 마치다, 다하다
amado amar(사랑하다)의 과거분사
la tarea 숙제, 과제
la matemática 수학
sentirse llen@ 배가 부르다

99. haber의 완료형이 직접목적, 간접목적, 재귀대명사와 만났을 때

완료형에서 직접목적대명사, 간접목적대명사, 재귀대명사가 사용된 경우, 이들 대명사는 haber 동사 앞에 위치하며, [조동사 + 동사원형]과 함께 사용된 경우에는 동사원형 뒤에 붙여서 사용해야 합니다.

Haber				과거분사
현재	불완료과거	미래	조건법	
he	había	habré	habría	
has	habías	habrás	habrías	
ha	había	habrá	habría	+ ~ado/~ido
hemos	habíamos	habremos	habríamos	~cho
habéis	habíais	habréis	habríais	~to
han	habían	habrán	habrían	

1. 직접목적대명사와 함께 사용할 때

Lo he comprado para ti. 나는 그것을 너를 위해 샀어.

Lo había comprado para ti. 나는 그것을 너를 위해 샀었어.

Lo habré comprado para ti. 나는 그것을 너를 위해 살 거야.

Lo habría comprado para ti. 나는 그것을 너를 위해 샀을 거야.

Te he amado mucho. 나는 너를 매우 사랑했어.
Te había amado mucho. 나는 너를 매우 사랑했었어.
Te habré amado mucho. 나는 너를 매우 사랑할 거야.
Te habría amado mucho. 나는 너를 매우 사랑했을 거야.

2. 간접목적대명사와 함께 사용할 때

Me ha hablado en español. 그는 나에게 스페인어로 말했어.
Me habían hablado en español. 그들은 나에게 스페인어로 말했었어.
Me habrá hablado en español. 그는 나에게 스페인어로 말할 거야.
Me habrías hablado en español. 너는 나에게 스페인어로 말했을 거야.
Te he dicho varias veces. 나는 너에게 여러 번 말했어.
Te había dicho varias veces. 나는 너에게 여러 번 말했었어.
Te habré dicho varias veces. 나는 너에게 여러 번 말할 거야.
Te habría dicho varias veces. 나는 너에게 여러 번 말했을 거야.

3. 재귀동사와 함께 사용할 때

Me he levantado temprano. 나는 일찍 일어났어.
Me había levantado temprano. 나는 일찍 일어났었어.
Me habré levantado temprano. 나는 일찍 일어날 거야.
Me habría levantado temprano. 나는 일찍 일어났을 거야.
¿Te has lavado la cara? 너 세수 했니?
¿Te habías lavado la cara? 너 세수 했었니?
¿Te habrás lavado la cara? 너 세수 할거지?
¿Te habrías lavado la cara? 너 세수 했겠지?

4. 역구조동사와 함께 사용할 때

Me ha gustado mucho. 나는 무척 마음에 들었어요.

Me ha encantado conocerlo. 나는 그를 만나게 되서 무척 기쁘네요.

5. 조동사 + 동사원형과 함께 사용할 때

No he podido lavarme la cara. 나는 세수할 수 없었어.

No había podido lavarme la cara. 나는 세수할 수 없었었어.

No habré podido lavarme la cara. 나는 세수할 수 없을 거야.

No habría podido lavarme la cara. 나는 세수할 수 없었을 거야.

He tenido que hacerlo todo. 나는 그것을 다 해야 했어.

Había tenido que hacerlo todo. 나는 그것을 다 해야 했었어.

Habré tenido que hacerlo todo. 나는 그것을 다 해야 할 거야.

Habría tenido que hacerlo todo. 나는 그것을 다 해야 했을 거야.

Lavarse 는 '씻다'라는 뜻의 재귀동사입니다. 항상 [정관사 + 신체부위]가 동반되니 유의해서 사용하세요.

- Los niños se lavan las manos. 아이들은 손을 씻어.

Me ha encantado conocerlo. 나는 그를 아는 것이 너무 좋았어.

* 이 문장에서 conocerlo의 lo는 직접목적대명사로 남성을 가리키고, 여성일 경우에는 conocerla로 씁니다.
* conocerle를 자주 볼 수 있는데, le는 그(él) 또는 당신(usted)에 대한 직접목적대명사로서 lo 대신 사용이 가능합니다.

현재완료는 과거의 어떤 행동이 현재까지 영향을 줄 때 사용하고, 과거완료는 과거의 어느 시점 이전에 이미 한 행동을 표현할 때 사용합니다.

- He comido la carne. → 이미 먹어서 현재까지 배가 부른 상태
- Cuando llegué, ya habías comido la carne. → 도착하기 전에 이미 먹은 상태

en español 스페인어로
conocer (사람을) 알다
vari@ 여러 가지의, 다양한
lavarse la cara 세수하다
la vez 번, 회, 순번

100 긴 숫자를 읽어보자

일	1	uno
십	10	diez
백	100	cien
천	1.000	mil
만	10.000	diez mil
십만	100.000	cien mil
백만	1.000.000	un millón
천만	10.000.000	diez millones
억	100.000.000	cien millones
십억	1.000.000.000	mil millones
백억	10.000.000.000	diez mil millones

이	2	dos
이십	20	veinte
이백	200	doscientos
이천	2.000	dos mil
이만	20.000	veinte mil
이십만	200.000	doscientos mil
이백만	2.000.000	dos millones
이천만	20.000.000	veinte millones
이억	200.000.000	doscientos millones
이십억	2.000.000.000	dos mil millones
이백억	20.000.000.000	veinte mil millones

- 1.358 → Mil trescientos cincuenta y ocho

- 127.635 → Ciento veintisiete mil seiscientos treinta y cinco

- 309.864 → Trescientos nueve mil ochocientos sesenta y cuatro

- 6.001 → Seis mil uno

- 3.895 → Tres mil ochocientos noventa y cinco

- 497.590 → Cuatrocientos noventa y siete mil quinientos noventa

- 3.876.906 → Tres millones ochocientos setenta y seis mil novecientos seis

- 1.000.021 → Un millón veintiuno

Check point

1. 한국과 미국 등에서는 큰 단위 숫자를 쓸 때 단위를 쉼표(,)로 나누지만, 스페인어는 숫자에 세 단위마다 마침표(.)를 사용합니다.

2. 기수는 성/수 변화를 하지 않습니다. 단, uno만 성 변화를 합니다.
   - un libro 책 한 권
   - una casa 집 한 채

3. 16부터 29까지는 붙여서 한 단어로 씁니다.
   - 16 dieciseis (O) / diez y seis (X)
   - 26 veintiseis (O) / veinte y seis (X)

4. 100은 어미를 탈락시키고 cien으로 사용하며, 101(ciento uno)부터 199(ciento noventa y nueve)까지는 ciento로 어미 탈락 없이 사용합니다.

5. 백자리 수 200(doscientos)부터 900(novecientos)까지는 성 변화를 합니다.
   - trescientos chicos 소년 300명
   - doscientas chicas 소녀 200명
   - dos mil ciento cuarenta y una mujeres 여자 2,141명
   - tres mil doscientos un hombres 남자 3,201명

1	uno/a	10	diez	100	cien
2	dos	20	veinte	200	doscientos/as
3	tres	30	treinta	300	trescientos/as
4	cuatro	40	cuarenta	400	cuatrocientos/as
5	cinco	50	cincuenta	500	quinientos/as
6	seis	60	sesenta	600	seiscientos/as
7	siete	70	setenta	700	setecientos/as
8	ocho	80	ochenta	800	ochocientos/as
9	nueve	90	noventa	900	novecientos/as

101

무인칭 hay

무인칭 hay

hay는 haber 동사의 **3인칭 단수형**으로 사람 혹은 사물이 '있다, '존재하다'라는 의미로 특정한 인칭 없이 사용하는 무인칭 동사입니다.

1. 어떤 사람이나 사물의 유무를 표현할 때 사용합니다.
2. 복수형이 존재하지 않습니다.
3. hay 다음에 오는 명사는 정관사를 사용할 수 없습니다.
4. 특정한 인물이나 사물에는 estar 동사를 사용합니다.

현재 (있다)	단순과거 (있었다)	불완료과거 (있었다)	미래 (있을 것이다)
~~he~~	~~hube~~	~~había~~	~~habré~~
~~has~~	~~hubiste~~	~~habías~~	~~habrás~~
ha / **hay**	**hubo**	**había**	**habrá**
~~hemos~~	~~hubimos~~	~~habíamos~~	~~habremos~~
~~habéis~~	~~hubisteis~~	~~habíais~~	~~habréis~~
~~han~~	~~hubieron~~	~~habían~~	~~habrán~~

Hay muchos libros. 많은 책이 있어.

Había mucha gente. 많은 사람들이 있었어.

Había muchos perros. 많은 개들이 있었어.

En la calle hay muchos niños jugando al fútbol.
거리에 축구를 하는 많은 아이들이 있어.

¿Dónde hay un hotel? 호텔은 어디에 있어요?

¿Qué hay en la mesa? 식탁에는 무엇이 있어요?

Hay unos perros en la calle. 거리에 개가 몇 마리 있어.

Aquí hay uno. 여기 하나 있어.

¿Hay frutas? 과일 있니?

Sí, hay. / No, no hay. 응, 있어. / 아니, 없어.

¿Qué hay en la nevera? 냉장고에는 무엇이 있니?

estar 동사는 특정한 인물이나 사물의 위치를 나타냅니다.

- Juana está en la biblioteca. 후아나는 도서관에 있어.
- Tu padre estuvo en mi casa. 네 아버지는 우리 집에 계셨어.
- El libro de mi amiga está en la mesa. 내 친구의 책이 식탁에 있어.
- En la ciudad está el hotel que me dijiste.
  도시에 네가 나에게 말한 호텔이 있어.

la persona 사람 / la gente 사람들

la persona는 '사람'이라는 의미로 두 사람 이상일 때는 복수 personas를 사용하고, la gente는 집합명사로써 '사람들'이라는 의미이지만 문법적으로는 단수로 취급합니다.

Hay unos perros en la calle. 거리에 개가 몇 마리 있어.

부정관사 uno, una는 '하나의~'라는 의미이지만, 복수형 unos와 unas는 '몇몇의~', '몇 개의~' 라는 의미입니다.

la calle 거리	jugar al fútbol 축구를 하다	la mesa 식탁, 책상, 위원회
aquí 여기	la fruta 과일	la nevera 냉장고
la manzana 사과	regalar 선물하다, 선사하다, 즐겁게 하다	

102

hay que + 동사원형

무인칭의 의무

무인칭의 의무

[hay que + 동사원형]은 '~을 해야 한다'라는 의미로 무인칭(주어가 불특정한 경우)일 때의 의무를 나타내고, [(alguien)tener que + 동사원형]은 'OO은 ~을 해아 한다'는 의미로 특정 주어의 의무를 나타냅니다.

(hay) **Hay que** estudiar mucho. 공부를 열심히 해야 해.

(tener) **Tienes que** estudiar mucho. 너는 공부를 열심히 해야 해.

(hay) Hay que guardar silencio en el cine. 극장에서 조용히 해야 해.
(tener) Tienes que guardar silencio en el cine.
너는 극장에서 조용히 해야 해.

(hay) Hay que dormir temprano para la salud.
건강을 위해 일찍 자야 해.
(tener) Tienes que dormir temprano para la salud.
너는 건강을 위해 일찍 자야 해.

(hay) Hay que ser buena persona. 좋은 사람이 되어야 해.
(tener) Tienes que ser buena persona. 너는 좋은 사람이 되어야 해.

(hay) Hay que ir a casa. 집으로 가야 해.
(tener) Tienes que ir a casa. 너는 집으로 가야 해.

1. [deber + 동사원형]은 'OO은 ~을 해야 한다'는 의미로 [tener que + 동사원형]과 같은 의미이나, 조금 더 강한 표현입니다.
2. 여러 가지 조동사 뒤에 ser동사의 원형이 온 경우 '~가 되다'의 의미로 해석합니다.
   - tener que ser ~이 되어야 한다
   - deber ser ~이 되어야만 한다
   - querer ser ~이 되고 싶다
   - ir a ser ~이 될 것이다
   - poder ser ~이 될 수 있다

guardar 지키다, 보호하다, 준수하다   el silencio 정숙, 침묵   el cine 영화관, 영화
dormir 자다, 숙박하다   estudiar 공부하다   la persona 사람
la salud 건강   antes 앞에, 예전에, 먼저

103 접속법이란?

스페인어 동사의 3가지 형태

1. 직설법 (indicativo)
객관적이고 사실적인 행위나 비교할 수 있는 것을 표현할 때 사용합니다.

2. 접속법 (subjuntivo)
주관적인 희망, 바람, 감정, 권유, 제안, 추천 등을 표현할 때 사용합니다.

> **접속법 사용하기**
> - 원하는 바, 욕망(un deseo o esperanza)를 표현할 때
> - 예의있는 요구(una petición educada)를 할 때
> - 감정이나 느낌(emoción o sentimiento)을 설명할 때
> - 무언가를 의심(duda)하거나 부정(negación)할 때
> - 의견, 제안(opinión)을 표현할 때

3. 명령법 (imperativo=mandatos)
상대에게 무언가를 할 것을 주문, 요청, 충고할 때 사용합니다.

접속법 문장은 주절과 종속절에 **서로 다른 2개의 주어**를 갖습니다.

> (Yo) Quiero que (tú) hables en español. 나는 네가 스페인어로 말하기를 원해.
> 　　주절　　　　　종속절
> 직설법(사실)　　접속법(바람)

* 내가 원하는 행위는 사실적이며 직접적인 행위이므로 직설법을 사용하고, 네가 스페인어를 말하는 행위는 아직 발생하지 않은 일이며 스페인어로 말할지 말지는 모르는 일, 즉 나의 바람이기에 접속법을 사용합니다.

* 관계대명사 que로 주절과 종속절을 이어줍니다.

(Yo) Espero que (tú) tengas un buen viaje.
나는 네가 좋은 여행을 하길(갖길) 바라.

접속법에서 사람의 의도(의지)는 아주 중요한 포인트입니다. 주어의 의도(의지)는 주절의 동사를 직설법으로, 주어가 바라는 내용은 종속설의 동사를 접속법으로 사용하여 표현합니다.

Quiero que estudies español.
나는 네가 스페인어를 배우길 바라.

Quiero que leas un libro interesante.
나는 네가 재미있는 책을 읽기를 바라.

Quiero que tú comas todas las comidas.
나는 네가 그 음식을 전부 먹기를 원해.

* 주절의 동사 quiero는 직설법으로 주어의 의도(의지)를 표현하며, 종속절의 동사는 바라는 내용으로 접속법을 사용합니다.

접속법과 함께 사용할 수 있는 표현들

추측이나 가능성 표현

a lo mejor 아마	quizá 어쩌면
puede que 아마 ~일 수 있다	me gustaría que 나는 ~이면 좋겠다
espero que 나는 ~하기를 바란다	ojalá que 부디 ~하면 좋겠다
posiblemente 아마 ~일 수 있다	

감정, 필요, 의지 표현

gustar que 좋아하다	molestar que 귀찮게 하다
qué pena que 유감이다	estoy hart@ de que 질렸다

부정 표현

no recuerdo 나는 기억나지 않는다

no creo que / no pienso que / no recuerdo que
나는 그렇게 생각하지 않는다

la esperanza 희망, 욕망	la petición 소망, 요구, 탄원	educad@ 교육받은, 예의있는
la emoción 감동, 감정	el sentimiento 느낌, 기분	la duda 의심
la negación 부정, 거부	la opinión 의견, 견해, 생각	esperar 원하다, 바라다, 기다리다
el viaje 여행	interesante 흥미있는, 재미있는	sacar 꺼내다, 인출하다, 얻다
la nota 메모, 원고, 성적, 점수	la pena 벌, 슬픔, 괴로움, 걱정, 고통	hart@ 싫증이 난, 지긋지긋한

104 접속법 현재 규칙동사

-ar 동사는 어미가 -er 형태처럼 변하고, -er, -ir 동사는 -ar 형태처럼 변합니다.

trabajar(-ar동사)	**comer**(-er동사)	**vivir**(-ir동사)
trabaje	coma	viva
trabajes	comas	vivas
trabaje	coma	viva
trabajemos	comamos	vivamos
trabjéis	comáis	viváis
trabajen	coman	vivan

-ar 동사

cantar	estudiar	cocinar	amar
cante	estudie	cocine	ame
cantes	estudies	cocines	ames
cante	estudie	cocine	ame
cantemos	estudiemos	cocinemos	amemos
cantéis	estudiéis	cocinéis	améis
canten	estudien	cocinen	amen

-er 동사

beber	correr	aprender	responder
beba	corra	aprenda	responda
bebas	corras	aprendas	respondas
beba	corra	aprenda	responda
bebamos	corramos	aprendamos	respondamos
bebáis	corráis	aprendáis	respondáis
beban	corran	aprendan	respondan

-ir 동사

abrir	asistir	subir	recibir
abra	asista	suba	reciba
abras	asistas	subas	recibas
abra	asista	suba	reciba
abramos	asistamos	subamos	recibamos
abráis	asistáis	subáis	recibáis
abran	asistan	suban	reciban

trabajar 일하다　　comer 먹다　　vivir 살다
cantar 노래하다　　estudiar 공부하다　　cocinar 요리하다
amar 사랑하다　　beber 마시다　　correr 달리다
aprender 배우다　　responder 응답하다　　abrir 열다
asistir 참석하다　　subir 오르다　　recibir 받다

105 접속법 현재 규칙동사 활용

-ar 동사는 어미가 -er 형태처럼 변하고, -er, -ir 동사는 -ar 형태처럼 변합니다.

(인칭)	-ar 동사	-er 동사	-ir 동사
(yo)	-e	-a	-a
(tú)	-es	-as	-as
(él, ella, usted)	-e	-a	-a
(nosotr@s)	-emos	-amos	-amos
(vosotr@s)	-éis	-áis	-áis
(ell@s, ustedes)	-en	-an	-an

-ar 동사			
cantar	estudiar	cocinar	amar
cante	estudie	cocine	ame
cantes	estudies	cocines	ames
cante	estudie	cocine	ame
cantemos	estudiemos	cocinemos	amemos
cantéis	estudiéis	cocinéis	améis
canten	estudien	cocinen	amen

¡Qué pena que cantéis así!
너희들이 이렇게 노래하다니 부끄러워!

Es necesario que estudiemos mucho para el examen.
우리는 시험을 위해서 공부를 많이 해야 돼. (해야 할 필요가 있어.)

A lo mejor cocine tallarines con salsa verde.
아마 살사 베르데를 곁들인 면 요리를 할 거야.

Posiblemente ames mucho a tu novio.
아마 넌 네 애인을 많이 사랑하나 봐.

No es bueno que ustedes trabajen mucho.
당신들이 일을 많이 하는 것은 좋지 않아요.

-er 동사			
beber	**correr**	**aprender**	**responder**
beba	corra	aprenda	responda
bebas	corras	aprendas	respondas
beba	corra	aprenda	responda
bebamos	corramos	aprendamos	respondamos
bebáis	corráis	aprendáis	respondáis
beban	corran	aprendan	respondan

¡No bebáis eso! 너희들 그거 마시지 마!

Espero que no corran mucho por las escaleras.

저는 당신들이 계단에서 많이 뛰지 않았으면 좋겠어요.

Ojalá (que) los alumnos aprendan español.

학생들이 스페인어를 배우면 좋겠어요.

No me gusta que respondas enojado.

나는 네가 화나서 대답하는 것을 좋아하지 않아.

Ojalá que comamos paella.

우리가 빠에야를 먹으러 가면 좋겠어.

-ir 동사			
abrir	**asistir**	**subir**	**recibir**
abra	asista	suba	reciba
abras	asistas	subas	recibas
abra	asista	suba	reciba
abramos	asistamos	subamos	recibamos
abráis	asistáis	subáis	recibáis
abran	asistan	suban	reciban

¡Por favor abra la puerta! 문 열어 주세요!

No recuerdo si él asista a clases.
그가 수업에 출석했는지 기억나지 않아.

¡No subas por allí! 저기로 올라가지 마!

Quizás reciban una carta de su abuelo.
그들은 아마 자기 할아버지의 편지를 받았을 거야.

Estoy harto de que vivamos en esta ciudad.
나는 우리가 이 도시에 사는 것에 질렸어.

Quiero que no cantes en cualquier lugar.
나는 네가 아무 곳에서나 노래를 부르지 않았으면 좋겠어.

Espero que no bebas mucho para que puedas tener buena salud.
나는 네가 양호한 건강을 지킬 수 있도록 많이 마시지 않길 바라.

Deseo que aprendas muchas cosas para tener buena experiencia.
나는 네가 좋은 경험을 갖기 위해 많은 것들을 배우길 원해.

Quiero que abras la ventana para que entre el aire.
나는 네가 바람이 통하도록 창문을 열어 주면 좋겠어.

Deseo que asistas a todas las clases para tener buenas notas.
나는 네가 좋은 성적을 받기 위해 모든 수업에 출석하길 바라.

No recuerdo si él asista a clases.
그가 수업에 출석했는지 기억나지 않아. (의심의 뉘앙스)

* **asistir a** ~에 출석하다
- Deseo que asistas a todas las clases 나는 네가 모든 수업에 출석하길 바라.

cualquier lugar 아무 곳(장소)
cualquiera는 '어떤 ~이라도'라는 뜻의 형용사로 단수 명사가 오면 어미 a가 탈락합니다.
- cualquier hora 아무 시간
- cualquier vaso 아무 컵

Posiblemente ames mucho a tu novio.
아마 넌 네 애인을 많이 사랑하나 봐.

* **amar algo** (어떤 것)을 사랑하다
  amar a alguien (누구)를 사랑하다

la paella 빠에야
el tallarín 국수, 면, 마카로니
correr 달리다, 뛰다, 흐르다
reponder 답하다, 대답하다
allí 저기, 저쪽에

la puerta 문
la salsa 소스
la escalera 계단, 사다리
enojad@ 화난
cualquiera 어떤 ~이라도

así 이렇게, 그렇게
verde 녹색의
el/la alumn@ 학생
asistir 출석하다, 참석하다
el lugar 장소, 위치

106 접속법 현재 불규칙동사 1

직설법 현재형 1인칭 단수가 -go로 끝나는 동사

동사원형	tener	salir	venir	caer
직설법 현재형 yo	tengo	salgo	vengo	caigo
접속법	**tenga** tengas tenga tengamos tengáis tengan	**salga** salgas salga salgamos salgáis salgan	**venga** vengas venga vengamos vengáis vengan	**caiga** caigas caiga caigamos caigáis caigan

동사원형	hacer	poner	decir	traer	oír
직설법 현재형 yo	hago	pongo	digo	traigo	oigo
접속법	**haga** hagas haga hagamos hagáis hagan	**ponga** pongas ponga pongamos pongáis pongan	**diga** digas diga digamos digáis digan	**traiga** traigas traiga traigamos traigáis traigan	**oiga** oigas oiga oigamos oigáis oigan

직설법 현재형 1인칭 단수가 -zco로 끝나는 동사

동사원형	conocer	conducir
직설법 현재형 yo	conozco	conduzco
접속법	conozca conozcas conozca conozcamos conozcáis conozcan	conduzca conduzcas conduzca conduzcamos conduzcáis conduzcan

¡Que tengas buen fin de semana!

Quiero que tengas buen fin de semana.
나는 네가 즐거운 주말을 보내면 좋겠어.

Quiero que no salgan más de las 9 de la noche.
저는 당신들이 밤 9시 이후에는 나가지 않았으면 좋겠어요.

Espero que vengan a mi casa para cenar.
저는 당신들이 제 집에 저녁을 먹으러 오길 바라요.

Espero que un día conozcas la casa de mis padres.
나는 네가 언젠가 내 부모님 댁에 가보길 바라.

Espero que hagamos juntos la tarea.
나는 우리가 함께 숙제를 하길 원해.

Quiero que te pongas el abrigo porque hace viento.
나는 네가 외투를 걸치길 바라, 왜냐하면 바람이 불기 때문이야.

Te digo que no te pongas el abrigo en esta temperatura.
나는 너에게 이 기온에는 외투를 걸치지 말라고 말하는 거야.

¡No hagas eso! 너 그거 하지 마!

No vengas a mi casa. 넌 내 집에 오지 마.

No se lo digas a nadie. 아무에게도 그것을 말하면 안 돼.

No traigáis comida. Compraremos aquí cerca.
음식 들고 오지 마. 여기 근처에서 사자.

poner 놓다, 두다 / ponerse (옷을) 입다

No se lo digas a nadie.

se(간접목적대명사) + lo(직접목적대명사) + digas(decir 동사 접속법 2인칭 현재)

traer는 '가지고 오다', llevar는 '가지고 가다'라는 뜻입니다.
- Mi amiga trae un libro a mi casa.   내 친구가 내 집에 책을 가지고 온다.
- Mi amiga lleva un libro a su casa.   내 친구는 자기 집에 책을 가지고 간다.

caer 떨어지다, 넘어지다	traer 가지고 오다	fin de semana 주말
más de ~이상	cenar 저녁 식사를 하다	el día 날, 하루, 낮
junto 함께	la tarea 숙제, 과제	el abrigo 외투
el viento 바람	la temperatura 온도, 기온	el país 나라, 국가
nadie 아무도	cerca 가까이	conocer (경험을 통해) 알다
conducir 운전하다		

107 접속법 현재 불규칙동사 2

직설법 현재형이 e→ie, o→ue로 변화하는 동사

동사원형	pensar	cerrar	contar	jugar	volver
직설법 현재형 yo	pienso	cierro	cuento	juego	vuelvo
접속법	**piense** pienses piense pensemos penséis piensen	**cierre** cierres cierre cerremos cerréis cierren	**cuente** cuentes cuente contemos contéis cuenten	**juegue** juegues juegue juguemos juguéis jueguen	**vuelva** vuelvas vuelva volvamos volváis vuelvan

동사원형	poder	oler	perder	querer
직설법 현재형 yo	puedo	huelo	pierdo	quiero
접속법	**pueda** puedas pueda podamos podáis puedan	**huela** huelas huela olamos oláis huelan	**pierda** pierdas pierda perdamos perdáis pierdan	**quiera** quieras quiera queramos queráis quieran

직설법 현재형에서 e→ie, o→ue로 변화하는 동사는 접속법 현재형에서도 어간 모음이 직설법 현재와 같이 변화하며 1, 2인칭 복수도 직설법 현재형과 마찬가지로 접속법 현재형에서도 변화하지 않습니다.

* 단, jugar동사는 u가 ue로 변화합니다.

Dudo que puedas venir tan temprano.
나는 네가 이렇게 일찍 올 수 있을지 의문이야.

No creo que él vuelva a su casa.
나는 그가 그의 집으로 돌아갈 거라고 생각하지 않아.

Quiero que juegues bien al fútbol. 나는 네가 축구를 잘 하길 바라.

Espero que no cuentes de mí a nadie.
나는 네가 아무에게도 내 이야기를 안 하길 바라.

No pienses más de tu pasado. 네 과거에 대해 더 이상 생각하지 마.

Juan, hace calor. No cierres las ventanas. 후안, 더워. 창문 닫지 마.

Por favor cierren la puerta al salir. 나가실 때 문을 닫아 주세요.

Deseo que puedas entrar a esa universidad.
나는 네가 그 대학교에 들어갈 수 있길 바라.

No pierdas el tiempo con alguien que no está interesado en ti.
넌 너에게 관심이 없는 사람과 시간을 낭비하지 마.

Espero que tu cabello huela rico con este nuevo champú.
이 새 샴푸를 쓰고 네 머리카락에서 좋은 향기가 나길 바라.

No pienses más de tu pasado. 네 과거에 대해 더 이상 생각하지 마.

* pensar de ~에 관하여 생각하다 / contar de ~에 관하여 말하다
* 전치사 de는 '~에 관하여, 대하여'라는 의미이며 de 대신 sobre를 사용할 수 있습니다.

- Estamos hablando de rey de Roma. 우리는 로마의 왕에 대해 말하고 있어.
- Discuten del salario mínimo. 최저임금에 대한 토론(논쟁) 하시죠.

hace calor (날씨가) 덥다 / tener calor (말하는 사람이) 덥다

- Hace frío en diciembre. 12월에는 추워.
- Tengo frío por el viento. 나는 바람이 불어서 추워.

No está interesado en ti. 너에게 관심이 없어.

* estar interesad@ en ~에 흥미가 있다, 관심이 있다

- Estoy interesado en la camarera. 나는 종업원에게 관심이 있어.

pensar 생각하다, 숙고하다	cerrar 닫다	contar 말하다, 계산하다
volver 돌아오다, 뒤집다	jugar 놀다, 하다	poder 할 수 있다
oler 냄새 맡다	perder 잃다, 분실하다	querer 좋아하다, 바라다
dudar 의심하다, 확신이 없다	creer 생각하다, 믿다	jugar al fútbol 축구하다
el pasado 과거	el calor 더위	la ventana 창문
entrar 들어가다	el cabello 머리카락	ric@ 부유한, 풍부한, 아주 좋은
el champú 샴푸	el rey de Roma 로마의 왕	discutir 토론하다
el salario 급여, 임금	mínim@ 최저의, 미세한	el diciembre 12월
el/la camarer@ 종업원, 웨이터		

108 접속법 현재 불규칙동사 3

직설법 현재형 1인칭 단수와 관계가 없는 동사

-ar 동사

동사원형	dar	estar
직설법 현재형 yo	doy	estoy
접속법	dé des dé demos deis den	esté estés esté estemos estéis estén

-er/ir 동사

동사원형	saber	haber	ser	ir
직설법 현재형 yo	sé	he	soy	voy
접속법	sepa sepas sepa sepamos sepáis sepan	haya hayas haya hayamos hayáis hayan	sea seas sea seamos seáis sean	vaya vayas vaya vayamos vayáis vayan

Es imposible que sepa de él. 그에 대해 아는 것은 불가능해.

Es importante que ella vaya sola a su casa.
그녀가 집에 혼자 가는 것은 중요한 일이야.

Es necesario que le des una sorpresa a tu mamá.
네가 엄마에게 서프라이즈를 해줘야 해.

Quiero que seas mi novia. 나는 네가 내 여자친구가 되면 좋겠어.

Espero que no te vayas de mí. 나는 네가 나를 떠나지 않길 바라.

¡No quiero que te vayas, mi amor! 내 사랑, 나는 네가 떠나는 것이 싫어!

Demos la bienvenida a los invitados. 우리는 손님들을 반갑게 맞이해요.

Espero que hayas encontrado la casa. 나는 네가 집을 구했길 바라.

Ojalá hayas encontrado lo que buscabas. 부디 네가 찾는 것을 발견하길.

Es mejor que estés en casa descansando.
너는 집에서 쉬고 있는 것이 좋겠어.

querer와 **esperar**는 '~하기 바라다'라는 뜻으로 주절과 종속절의 주어가 같으면 동사원형을 동반하고, 주절과 종속절의 주어가 다르면 [que + 접속법]을 동반합니다.

- Quiero ir a la casa de mi mamá. 나는 엄마 집에 가고 싶어.
- Quiero que mi mamá vaya a la casa de mi abuela conmigo.
  나는 엄마가 나와 함께 할머니 댁에 가길 바라.

¡No quiero que te vayas, mi amor! 내 사랑, 나는 네가 떠나는 것이 싫어!

mi amor는 '내 사랑'이라는 애칭으로 비슷한 단어로는 mi corazón(심장), mi cariño(여보) 등이 있습니다.

hayas encontrado (너는) 구했다 / 구했기를

[haber 동사 접속법 2인칭 단수 + encontrar 동사 과거분사] 접속법 현재완료형으로 쓰였으며 '~했다, ~했기를'로 해석합니다.

estés descansando (너는) 쉬고있다 / 쉬고 있기를

[estar 동사 접속법 2인칭 단수 + descansar 동사 현재분사] 접속법 현재진행형으로 쓰였으며 '~하고 있다, ~하고 있기를'로 해석합니다.

saber 알다, 알고 있다, 이해하다
imposible 불가능한, 어려운
necesari@ 피할 수 없는, 필요한
el amor 사랑, 애인
mejor 더 좋은
descansando 쉬고 있는, 쉬면서

ir 가다
importante 중요한, 소중한
la sorpresa 놀람, 생각지도 않은 선물
la bienvenida 환영
encontrado 찾은

dar 주다
sol@ 유일의, 혼자의, 고독한
el/la novi@ 애인
el/la invitad@ 손님
buscar 찾다, 수색하다

접속법 현재 불규칙동사 4

-ir 동사 중 어간 모음이 e/o인 동사

동사원형	**sentir**	**dormir**
직설법 현재형 yo	siento	duermo
접속법	**sienta** sientas sienta sintamos sintáis sientan	**duerma** duermas duerma durmamos durmáis duerman

어간 모음이 e인 동사는 직설법 현재형에서 단수 및 3인칭 복수가 e→ie로 변하며, 접속법 현재형 단수 및 3인칭 복수는 e→ie로, 1,2인칭 복수는 e→i로 변화합니다.

어간 모음이 o인 동사는 직설법 현재형에서 단수 및 3인칭 복수가 o→ue로 변하며, 접속법 현재형 단수 및 3인칭 복수는 o→ue, 1,2인칭 복수는 o→u로 변화합니다.

* 두 동사 모두 직설법 현재형 1, 2인칭 복수에서는 변화하지 않습니다.

Espero que sientas lo mismo. 나는 네가 똑같이 느끼길 바라.

Duerman tranquilos esta noche. 오늘 밤 편안히 주무세요.

발음 때문에 철자가 변하는 동사

동사원형	buscar (-car → -que)	seguir (-guir → -ga)	llegar (-gar → -gue)	empezar (-zar → -ce)
직설법 현재형 yo	busco	sigo	llego	empiezo
접속법	**busque** busques busque busquemos busquéis busquen	**siga** sigas siga sigamos sigáis sigan	**llegue** llegues llegue lleguemos lleguéis lleguen	**empiece** empieces empiece empecemos empecéis empiecen

Pide a los rescatistas que los busquen por la montaña.

구조자들에게 산을 수색하라고 요청해요.

Queremos que lleguen pronto las lluvias.

우리는 비가 조속히 내리기를 바라요.

Sigan cavando para encontrar el tesoro.

보물을 찾기 위해 계속 파보세요.

Check point

Espero que sientas lo mismo. 나는 네가 똑같이 느끼길 바라.

mismo 앞에 정관사가 오면 '~하는 것'이 되어 lo mismo는 '똑같은 것'이라는 의미가 됩니다.

llegar la lluvia 비가 오다(= llover 비가 오다)

- Llgue el verano temprano. 여름이 일찍 왔어.
- Llegó la nieve por toda la ciudad. 도시 전체에 눈이 왔어.

seguir + 현재분사 계속 ~하다

- Sigue lloviendo esta noche. 오늘 밤 비가 계속 와요.

Vocabulario

sentir 느끼다	dormir 자다	buscar 찾다
seguir 따라가다, 찾아가다, 계속하다	llegar 도착하다, 닿다, 도래하다	empezar 시작하다
mism@ 동일한, 같은	tranquil@ 조용한, 고요한, 편안한	este/esta 이
la noche 밤	pedir 부탁하다, 주문하다, 요구하다	el/la rescatista 구조자
la montaña 산, 산지	pronto 재빨리, 신속히, 곧, 즉시, 일찍	la lluvia 비
cavando 파면서, 파고 있는	encontrar 찾다	el tesoro 보물
necesari@ 피할 수 없는, 필요한	el curso 강의, 과정	el ballet 발레

접속법 포인트 1

접속법의 형태

1. 반드시 주절 동사와 종속절 동사의 주어가 달라야 합니다.

2. 주절 동사의 표현이 소망, 요구, 충고, 명령, 승인, 선택, 금지, 허용, 감정, 공포, 불확실 등의 의미를 가졌다면 종속절 (que 이하)의 동사는 접속법을 사용합니다.

3. 형태 : 직설법 현재/미래 + que + 접속법 현재

	주절 동사(직설법) + que		종속절 동사
바람	querer que ~하기를 원하다 desear que ~하기를 소망하다 rogar que ~하기를 기도하다, 기원하다 solicitar que ~하기를 신청하다 esperar que ~하기를 바라다	quiero que deseo que ruego que solicito que espero que	접속법
명령	exigir que ~하기를 요구하다 ordenar que ~하기를 명령하다 mandar que ~하기를 명령하다 obligar que ~하기를 강요하다	exijo que ordeno que mando que obligo que	
충고	aconsejar que ~하기를 조언하다 advertir que ~하기를 충고하다	aconsejo que advierto que	
권고	proponer que ~하기를 제안하다 recomendar que ~하기를 추천하다 sugerir que ~하기를 권유하다 pedir que ~하기를 부탁하다	propongo que recomiendo que sugiero que pido que	
사역	dejar que ~하기를 위임하다 hacer que ~하게 하다	dejo que hago que	
금지	prohibir que ~하기를 금지하다 impedir que ~하기를 방해하다, 막다	prohíbo que impido que	
허락	permitir que ~하기를 허가, 허락하다	permito que	
불확실	no creer que ~하리라 믿지 않다 no opinar que ~할 것이라고 생각하지않다 no pensar que ~할 것이라고 생각하지않다 no estar segur@ de que ~하는 것은 확신이 없다	no creo que no opino que no pienso que no estoy segur@ de que	
부정	negar que ~함을 부정, 부인하다	niego que	
의심	dudar que ~함을 의심하다	dudo que	

	주절 동사(직설법) + que		종속절 동사
행복	alegrarse de que ~여서 기쁘다 estar encantad@ de que ~라서 무척 기쁘다	me alegro de que estoy encantad@ de que	접속법
자존심	estar orgullos@ de que ~한다는 것에 자랑스럽다	estoy orgullos@ de que	
두려움	temer que ~하는 것이 두렵다 tener miedo que ~하는 것을 무서워하다	temo que tengo miedo que	

Mi mamá quiere que yo estudie mucho.
엄마는 내가 공부를 많이 하길 원해.

Deseo que vengas pronto. 나는 네가 빨리 오길 바라.

Esperamos que tú estés bien. 우리는 네가 잘 있길 바라.

Le pido a ella que tome asiento.
나는 그녀에게 착석하라고 부탁해요.

Me alegro mucho de que no haya examen.
나는 시험이 없어서 정말 기뻐.

Les aconsejo que no fumen aquí.
저는 당신들에게 여기서 흡연하지 말라고 조언해요.

Quiero que le vaya bien. 나는 그가 잘 지내길 바라.

Estoy orgullosa de que te hayas / has esforzado tanto.
나는 네가 그렇게 많이 노력해주어서 자랑스러워.

Me temo que tengamos que esperar largo tiempo.
나는 우리가 긴 시간을 기다려야 하는 것이 두려워.

No creo que haya muchos estudiantes aquí.
나는 여기 많은 학생들이 있다고 생각하지 않아.

Propongo que vayamos a bailar. 나는 우리가 춤추러 가길 제안해.

Exijo que todos los estudiantes reciban las mismas oportunidades.
저는 모든 학생이 동등한 기회를 갖기를 요구해요.

permitir, mandar, prohibir등의 동사는 que절 대신 **동사원형**을 사용할 수도 있습니다.

- Mi mamá me permite que duerma en la casa de mi amiga.
= Mi mamá me permite dormir en la casa de mi amiga.
우리 엄마는 내가 친구 집에서 자는 것을 허락해요.

- Mi esposa me manda que no beba cerveza.
= Mi esposa me manda no beber cerveza.
나의 아내는 나에게 맥주를 마시지 말라고 요구해요.

- Mi hermano me prohíbe que entre a su cuarto.
= Mi hermano me prohíbe entrar a su cuarto.
나의 동생은 내가 자기 방에 들어오는 것을 금지해요.

estudiar 공부하다, 연구하다	much@ 많이, 열심히	venir 오다, 도착하다
pronto 재빨리, 신속히, 곧, 즉시, 일찍	bien 잘, 충분히, 정확하게	tomar asiento 앉다, 착석하다
el examen 시험, 검사, 검토	fumar 담배를 피우다	aquí 여기
esforzar 집중하다, 애쓰다	tant@ 그렇게, 이렇게 많이	buen@ 좋은, 양호한
la idea 생각, 아이디어	tener que ~해야 한다	esperar 원하다, 바라다, 기다리다
larg@ 매우 긴, 기다란	el tiempo 날씨, 때	ir a bailar 춤추러 가다
tod@ 모두, 전체	el/la estudiante 학생	recibir 받다, 자격을 얻다
mism@ 같은, 동일한	la oportunidad 기회	dormir 자다, 재우다, 잠들다
la casa 집	el/la amig@ 친구	el/la espos@ 배우자
beber 마시다, 술을 마시다	la cerveza 맥주	el/la herman@ 형제, 자매
entrar 들어가다	el cuarto 방, 침실	permitir 허가하다, 허락하다
mandar 명령하다, 지시하다	prohibir 금하다, 금지하다	

111

접속법 포인트 2

무인칭의 접속법

주절의 동사가 무인칭일 때 사용하며 [Es + 형용사 + que + 접속법]의 형태로 사용합니다.

Es posible que	~할 가능성이 있다	
Es imposible que	~할 가능성이 없다	
Es probable que	~할 가능성이 있다	
Es fácil que	~하는 것은 쉽다	
Es difícil que	~하는 것은 어렵다	
Es dudoso que	~하는 것은 의심스럽다	
Es necesario que	~할 필요가 있다	+ 접속법
Es importante que	~하는 것은 중요하다	
Es absurdo que	~하는 것은 온당치 못하다	
Es mejor que	~하는게 더 낫다	
Es suficiente que	~하기에 충분하다	
Es bueno que	~을 하는 것이 좋다	
Es conveniente que	~하는 것이 적절하다	

Es posible que nieve hoy. 오늘 눈이 올 가능성이 있어.

Es posible que el chico haya cometido un error.
소년이 실수를 저질렀을 가능성이 있어.

Es posible que Elena haya cambiado de opinión.
엘레나가 의견을 바꾸었을 가능성이 있어.

Es imposible que vayamos ahora. 지금 가는건 불가능해.

Es imposible que Silvia lo haya hecho todo sola.
실비아가 그 모든 것을 혼자 하기는 불가능해.

Es imposible que nieve en Argentina. 아르헨티나에 눈이 오는 것은 불가능해.

Es probable que salgan bien las notas. 점수가 좋게 나올 가능성이 있어.

Es necesario que aprendamos de la vida.
우리는 인생에 대해 배워야 할 필요가 있어.

Es absurdo que él hable malas palabras. 그가 나쁜 말을 하는 것은 온당치 못해.

Es coveniente que consulte con su abogado.
그의 변호사와 상담하는 것이 적절해.

¿Es conveniente que el psiquiatra hable de su vida privada?
정신과 의사가 그의 사생활을 말하는 것이 적절한가요?

Es absurdo que tengamos que trabajar sin descanso.
우리가 휴식 없이 일해야 하는 것은 불합리해.

무인칭의 경우 종속절의 주어까지 무인칭일 때는 접속법을 사용하지 않고 [Es + 형용사 + 동사원형]을 사용할 수 있습니다.

- Es posible que nieve hoy.
= Es posible nevar hoy. 오늘 눈이 올 가능성이 있어.

nevar 눈이오다
cometer 범하다, 저지르다
la opinión 의견, 생각
tod@ 모두, 전체
bien 잘, 충분히, 정확하게
la vida 삶, 인생
la palabra 말, 낱말, 단어
el/la psiquiatra 정신과 의사
el descanso 휴식

hoy 오늘
el error 오류, 실수
ahora 지금
sol@ 유일한, 혼자의, 고독한
la nota 메모, 원고, 성적
hablar 말하다, 이야기하다
consultar con ~와 상담하다
privad@ 사적인, 개인적인
absurdo 이치에 맞지 않는

el/la chic@ 소년/소녀
cambiar de ~을 바꾸다
hacer 하다, 만들다
salir 나가다, 출발하다
aprender de ~을 배우다
mal@ 나쁜, 못된
el/la abogad@ 변호사
sin ~없이

112

접속법 포인트 3

시간을 나타내는 부사, 접속사와 함께 사용되는 접속법

cuando	~할 때는	
mientras	~하는 동안에는	
en tanto que		
siempre que	~하는 때는 언제나	
antes (de) que	~하기 전에는	
después (de) que	~한 후에는	+ 접속법
hasta que	~할 때까지	
apenas		
en cuanto		
luego que	~하자마자	
pronto como		
así que		

Saldremos cuando estés(estás) listo. 우리는 네가 준비되면 나갈 거야.

Cuando lleguemos(llegamos) a Los Angeles te avisaremos.
우리가 로스엔젤레스에 도착하면 너에게 알려줄 거야.

Mientras estudie(estudia), todo irá bien.
공부를 하는 동안에는 모든 것이 잘 될 거야.

Mientras estemos(estamos) allí podremos visitar todos los museos.
우리가 저기 있는 동안에는 모든 박물관을 방문할 수 있어.

Siempre que estemos(estamos) juntos podemos salir a cenar.
우리가 같이 있을 때 언제나 식사하러 나갈 수 있을 거야.

Saldré de la casa antes (de) que entre mi hermano.
나는 내 동생이 들어오기 전에 집에서 나갈 거야.

Debemos marchar antes (de) que lleguen.
그들이 도착하기 전에 우리는 가야 해.

Terminaré todo el proyecto antes que llueva.
나는 비가 오기 전에 모든 프로젝트를 마칠 거야.

Cuando lo vea a él, se lo diré. 그를 보면 나는 그것을 말할 거야.

Volveré antes (de) que me llames. 네가 나에게 전화하기 전에 나는 돌아올 거야.

Iré después (de) que mi papá salga de casa.
나는 우리 아빠가 집에서 외출한 후에 갈 거야.

Te esperaré hasta que vuelvas a casa.
네가 집에 돌아올 때까지 나는 너를 기다릴 거야.

Estaré aquí hasta que lleguen para llevarlo.
그것을 가지러 올 때까지 나는 여기 있을 거야.

salir 나가다	estar list@ 준비되다	llegar 도착하다, 도래하다
avisar 알리다, 통지하다	seguir 따라가다, 찾아가다, 계속하다	sin ~없이
nada 아무것도	tod@ 모두, 전부	bien 잘, 충분히, 정확하게
allí 저기, 저쪽에	visitar 방문하다	el museo 박물관, 미술관
junto 함께	la casa 집	entrar 들어가다, 입학하다
deber ~해야 한다	marchar 나아가다, 출발하다	terminar 끝나다, 완료하다
el proyecto 과제	llover 비가 오다	volver 돌아오다, 뒤집다
llamar 부르다	el papá 아빠	esperar 원하다, 바라다, 기다리다
aquí 여기	llevar 지니다, 입고 있다	

113 접속법 현재완료

접속법 현재완료란?

가까운 과거(현재완료)에 이미 일어난 일에 대한 개인적인 감정, 바람, 기쁨, 불확실, 추측 등을 나타낼 때 쓰는 표현입니다.

[haber 동사 접속법 현재형 + 과거분사]로 표현합니다.

haber 동사의 접속법 현재형		과거분사
haya		
hayas		
haya	+	~ado/~ido
hayamos		~cho
hayáis		~to
hayan		

주절의 동사가 현재, 미래, 현재완료형일 때 종속절에서 접속법을 필요로 하며, 이 때 종속절은 접속법 현재 혹은 접속법 현재완료를 사용합니다.

Juan y Ana no están en casa. Probablemente hayan salido.
후안과 아나는 집에 없어. 아마 외출한 것 같아.

Me alegro de que hayas llegado a casa.
나는 네가 집에 도착했다니 기뻐.

Espero que su hijo haya vuelto a casa.
나는 그의 아들이 집에 돌아왔기를 바라.

No creo que haya visitado Lima.
나는 그가 리마에 갔을 거라고 생각하지 않아.

Siento que Juan no haya venido todavía.
나는 후안이 아직 오지 않은 게 유감이야.

Es una lástima que su esposo no haya logrado el éxito.
그의 남편이 성공하지 못했다니 유감이야.

Es raro que José no te haya llamado esta semana.
호세가 이번 주에 너에게 전화를 하지 않았다니 이상해.

Silvia habla muy bien español. Quizá(s) haya vivido en Sudamérica o España.
실비아는 스페인어를 매우 잘 해. 아마 남미나 스페인에 살았을 거야.

regresado 'regresar 돌아가다'의 과거분사
la comida 음식, 식사
la hambre 공복, 허기, 배고픔
alegrarse de ~해서 기쁘다
el/la hij@ 아들/딸
creer 생각하다
sentir 유감이다, 섭섭해 하다
todavía 아직
el/la espos@ 배우자
el éxito 성공
llamado 'llamar 전화하다'의 과거분사
la semana 주
Sudamérica 남아메리카
ese/esa 그
podido 'poder 할 수 있다'의 과거분사
pasado 'pasar 지나가다'의 과거분사
salido 'salir 나가다, 떠나다'의 과거분사
morirse de ~하고 싶어 죽을 지경이다
probablemente 아마, 어쩌면
llegado 'llegar 도착하다'의 과거분사
vuelto 'volver 돌아오다'의 과거분사
visitado 'visitar 방문하다'의 과거분사
venido 'venir 오다'의 과거분사
la lástima 유감스러움
logrado 'lograr 얻다, 거두다'의 과거분사
rar@ 드문, 희소한, 기묘한
este/esta 이 ~ (지시사)
quizá(s) 아마
conseguido 'conseguir 얻다, 성취하다'의 과거분사
el trabajo 일, 업무
sobre ~에 대해

114

접속법 과거

접속법 과거의 형태

직설법 단순과거 3인칭 복수형에서 마지막 음절 –ron을 빼고 **-ra** 혹은 **-se**를 붙입니다. 접속법 과거는 –ra형과 –se형 두가지가 존재하지만 보통은 –ra형을 많이 사용합니다.

1. 직설법 단순과거가 규칙형인 동사

동사원형	**hablar**	**comer**	**vivir**
직설법 3인칭 복수	habla~~ron~~	comie~~ron~~	vivie~~ron~~
접속법 과거 (ra형)	hablara	comiera	viviera
	hablaras	comieras	vivieras
	hablara	comiera	viviera
	habláramos	comiéramos	viviéramos
	hablarais	comierais	vivierais
	hablaran	comieran	vivieran
접속법 과거 (se형)	hablase	comiese	viviese
	hablases	comieses	vivieses
	hablase	comiese	viviese
	hablásemos	comiésemos	viviésemos
	hablaseis	comieseis	vivieseis
	hablasen	comiesen	viviesen

2. 직설법 단순과거가 불규칙형인 동사

dar	ver	ser/ir
diera	viera	fuera
dieras	vieras	fueras
diera	viera	fuera
diéramos	viéramos	fuéramos
dierais	vierais	fuerais
dieran	vieran	fueran

sentir	hacer	haber
sintiera	hiciera	hubiera
sintieras	hicieras	hubieras
sintiera	hiciera	hubiera
sintiéramos	hiciéramos	hubiéramos
sintierais	hicierais	hubierais
sintieran	hicieran	hubieran

andar	leer	morir
anduviera	leyera	muriera
anduvieras	leyeras	murieras
anduviera	leyera	muriera
anduviéramos	leyéramos	muriéramos
anduvierais	leyerais	murierais
anduvieran	leyeran	murieran

venir	traer	seguir
viniera	trajera	siguiera
vinieras	trajeras	siguieras
viniera	trajera	siguiera
viniéramos	trajéramos	siguiéramos
vinierais	trajerais	siguierais
vinieran	trajeran	siguieran

estar	poder	saber
estuviera	pudiera	supiera
estuvieras	pudieras	supieras
estuviera	pudiera	supiera
estuviéramos	pudiéramos	supiéramos
estuvierais	pudierais	supierais
estuvieran	pudieran	supieran

querer	decir	tener
quisiera	dijera	tuviera
quisieras	dijeras	tuvieras
quisiera	dijera	tuviera
quisiéramos	dijéramos	tuviéramos
quisierais	dijerais	tuvierais
quisieran	dijeran	tuvieran

접속법 과거의 용법

1. 주절의 동사 시제가 직설법 단순과거, 불완료과거 또는 가능법인 경우 종속절의 동사는 접속법 과거형을 사용합니다.

   [주절 동사 직설법 현재 + que + 종속절 동사 접속법 현재]

   - Le digo a Silvia que termine todo el trabajo.
     나는 실비아에게 일을 모두 끝내라고 말하고 있어.

   [주절 동사 직설법 과거 + que + 종속설 동사 접속법 과거]

   - Le dije a Silvia que terminara todo el trabajo.
     나는 실비아에게 일을 모두 끝내라고 말했어.

   - Le dije que viniera cuando estuviera libre.
     나는 그에게 시간이 있을 때 오라고 말했어.

   - Mi hijo quería salir para jugar al fútbol aunque lloviera mucho.
     내 아들은 비가 많이 오더라도 축구 하러 나가길 원했어.

   - Mis alumnos querían que fuéramos a la playa.
     학생들은 해변으로 (우리가) 가길 원했어

2. 현재 사실에 반대되는 가정을 할 때 접속법 과거형을 사용합니다.

   [Si + 접속법 과거, 조건법 / 접속법 과거] (지금) ~라면 ~할 텐데

   - Si yo tuviera tiempo, caminara(caminaría) todos los días.
     내가 시간이 있었더라면 매일 걸을 텐데.

   - Si tuviera un coche, pudiera(podría) viajar.
     자동차를 가지고 있었더라면 여행할 수 있을 텐데.

3. 현재 사실에 대한 반대를 나타낼 때, 주절의 시제와 관계없이 사용합니다.

[como si + 접속법 과거] (현재) ~인 것처럼

- Ella habla <u>como si fuera</u>(=fuese) un bebé.
  그녀는 마치 아이처럼 말을 해.

- Él actua <u>como si fuera</u>(=fuese) un abuelo.
  그는 마치 할아버지처럼 행동해.

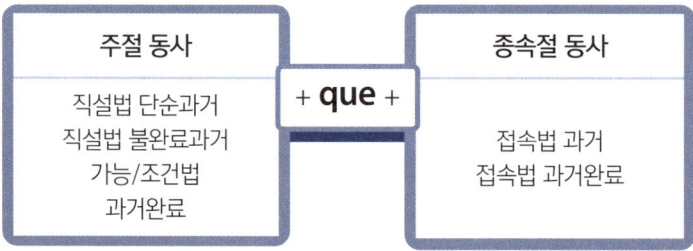

주절 동사		종속절 동사
직설법 단순과거 직설법 불완료과거 가능/조건법 과거완료	+ que +	접속법 과거 접속법 과거완료

Vocabulario

creer 생각하다
este/esta 이
ver 보다
sentir 느끼다
leer 읽다
traer 가져오다
poder 할 수 있다
decir 말하다
el año 년, 나이
terminar 마치다, 끝내다
salir 나가다, 외출하다
llover 비가 오다
el fresco 시원함
conmigo 나와 함께

hacer 하다
la clase 수업, 교실
ir 가다
haber 있다
morir 죽다
seguir 따라가다
saber 알다
tener 가지다
libre 자유로운
el trabajo 일, 업무
jugar al fútbol 축구하다
el/la alumn@ 학생
mañana 내일
menos 적은, 덜

asistir 출석하다, 참석하다
dar 주다
ser ~이다
andar 걷다
venir 오다
estar 있다
querer 원하다, 좋아하다
el veinte 20
España 스페인
el/la hij@ 아들/딸
aunque 비록 ~일지라도
la playa 해변
el papá 아빠
el edad 나이

115

접속법 과거완료

접속법 과거완료의 형태

[haber 동사의 접속법 과거형 + 과거분사]로 표현합니다.

haber 동사의 접속법 과거		과거분사
hubiera(-se)		
hubieras(-ses)		
hubiera(-se)	+	~ado/~ido
hubiéramos(-semos)		~cho
hubierais(-seis)		~to
hubieran(-sen)		

접속법 과거완료의 용법

1. 주절 동사의 과거 시점보다 종속절의 행위가 더 먼저 완료되었을 경우 접속법 과거완료를 사용합니다.

   [직설법 단순과거/불완료과거 + **que** + 접속법 과거완료]

   - Me alegré mucho de que hubieras(=hubieses) tenido buenas notas.
     나는 네가 좋은 점수를 받았다는 것이 정말 기뻤어.

   - No creía que Silvia se hubiera(=hubiese) casado con un latino.
     나는 실비아가 라틴계 남자와 결혼했다는 것을 믿지 않았어.

   - Consideraron que hubiera(=hubiese) ganado el éxito.
     그들은 내가 성공했을 거라고 생각했어.

   - No creía que hubiera(=hubiese) dicho la verdad.
     나는 네가 진실을 말했다고 생각하지 않았어.

   - No creí que mi papá hubiera(=hubiese) dejado de fumar.
     나는 우리 아빠가 담배를 끊었다는 것을 믿지 않았어.

2. 과거 사실에 반대되는 가정을 할 때 사용합니다.

[Si + 접속법 과거완료, 직설법 조건 완료 / 접속법 과거완료]

(과거에) ~했다면 ~했을텐데

* 직설법 조건완료 대신에 쓰는 접속법 과거완료에서는 -ra형만 사용할 수 있습니다.

- Si hubiera sabido tu número de móvil, te habría llamado todos los días.
- Si hubiera sabido tu número de móvil, te hubiera llamado todos los días.

  네 전화번호를 알았다면, 매일 전화했을 텐데.

- Si hubiera nevado mucho, habría dado un paseo contigo.
- Si hubiera nevado mucho, hubiera dado un paseo contigo.

  눈이 많이 내렸다면, 너와 함께 산책했을 텐데.

amado 'amar 사랑하다, 좋아하다'의 과거분사	bebido 'beber 마시다'의 과거분사
salido 'salir 나가다, 떠나다'의 과거분사	alegrarse 기쁘다
tener buenas notas 좋은 점수를 받다	creer 생각하다, 믿다
casado 'casar 결혼시키다'의 과거분사	casarse con ~와 결혼하다
el/la latin@ 라틴계 사람	dudar 의심하다
pagar 지불하다, 내다	la deuda 빚, 부채
ganado 'ganar 벌다, 얻다'의 과거분사	estar enferm@ 아프다
pensar 생각하다	opinar 의견을 표현하다
considerar 고려하다, 검토하다	el éxito 성공
la verdad 진실	dejado 'dejar 그만두다, 놔두다'의 과거분사
dejar de ~하는 것을 그만두다	fumar 담배를 피우다
sabido 'saber 알다'의 과거분사	llamado 'llamar 전화하다'의 과거분사
el número 번호	nevado 'nevar 눈이 오다'의 과거분사
dado 'dar 주다'의 과거분사	el paseo 산책
dar un paseo 산책하다	sido 'ser ~이다'의 과거분사

116

긍정명령법 1

명령법은 현재시제만 사용합니다.

1. tú에 대한 긍정명령형

'너 ~해!'라는 뜻으로 8가지의 불규칙 변화를 제외한 나머지는 <u>직설법 현재형 3인칭 단수</u>를 사용합니다.

	comer	**mirar**	**esperar**
yo	como	miro	espero
tú	comes	miras	esperas
él, ella, usted	come	mira	espera

¡Silvia come mucho! 실비아 많이 먹어!

¡Mira lo que has hecho! 네가 한 것 좀 봐!

Espera un momento. 잠시만 기다려.

¡Corre rápido! 빨리 뛰어!

¡Toma más! 더 마셔!

Pasa por aquí. 여기로 지나가.

Pásamela. 그것을 나에게 줘.

8가지 tú에 대한 긍정명령형 불규칙

동사원형	tú에 대한 긍정명령형	뜻
tener	ten	가져!
venir	ven	와! 와라!
poner	pon	놔! 놔라!
salir	sal	나와!
decir	di	말해!
hacer	haz	해!
ser	sé	~ 돼라!
ir	ve	가! 가라!

¡Ven acá! 이쪽으로 와!

¡Ve allá! 저쪽으로 가!

¡Haz bien! 잘 해!

¡Dímelo! 나한테 그거 말해줘!

¡Pon la mesa! 상 차려!

¡Di hola! 안녕이라고 말해!

¡Sé bueno! 얌전히 있어!

¡Hazlo bien! 그것 좀 잘 해!

긍정명령법(tú) 예문

¡Duerme ya! 이제 자!

¡Toma/bebe toda la leche! 우유 다 마셔!

Vuelve a casa temprano. 집에 일찍 돌아와.

Estudia todos los días. 매일 공부해.

¡Corre lo más rápido que puedas! 네가 할 수 있을 만큼 빨리 뛰어!

Come toda la ensalada. 샐러드 전부 먹어.

Ten cuidado al cruzar la calle. 길을 건널 때는 조심해.

Ven a la escuela temprano. 학교에 일찍 와라.

Pon la mitad del dinero. 돈 절반을 놓아라.

Sal más temprano para que llegues a tiempo.
제시간에 도착할 수 있도록 더 빨리 나와.

Di que no puedes ir. 갈 수 없다고 말 해.

Haz todos tus deberes. 숙제 다 해.

Sé una buena persona. 좋은 사람이 되어라.

Ve a la casa de tus abuelos. 조부모님 댁에 가.

2. vosotr@s에 대한 긍정명령형

'너희들 ~해!'라는 의미로 동사원형의 맨 끝에 있는 **r**을 **d**로 바꾸어 사용합니다. tú형과 달리 불규칙 변화가 없습니다.

Visitad a los niños del orfanato. 너희들 고아원 아이들을 방문해라.

Esperad a que las clases terminen. 너희들 수업이 끝날 때까지 기다려.

Comed toda vuestra comida. 너희들 너희 음식을 다 먹어.

Estudiad con mucho entusiasmo. 너희들 큰 열정을 가지고 공부해.

긍정명령법(vosotr@s) 예문

¡Hablad en voz alta! 너희들 더 크게 말해!

¡Esperad un momento! 너희들 잠시만 기다려!

¡Visitadme mañana! 너희들 내일 나에게 들려!

¡Comed verduras! 너희들 야채 먹어!

Hablad con el director para llegar a un acuerdo.
너희들 합의에 이르기 위해 감독과 이야기해.

Vocabulario

el momento 잠시	rápido 빨리	más 더
aquí 여기	acá 이쪽에	la mesa 식탁
hola 안녕	bien 잘	buen@ 좋은
allá 저쪽에	ya 이미	la leche 우유
la casa 집	temprano 일찍	todos los días 매일
hecho 'hacer 하다'의 과거분사	el/la amig@ 친구	la fiesta 파티
el/la herman@ 형제/자매	traer 가져오다	la llave 열쇠
l trabajo 직장, 일	el/la tí@ 삼촌/이모	llegar 도착하다
la ensalada 샐러드	el cuidado 배려, 주의, 조심	cruzar 건너다
la calle 길, 거리	la escuela 학교	la mitad 반, 절반
el dinero 돈	a tiempo 제시간에	los deberes 숙제
la persona 사람, 인간	el/la abuel@ 할아버지/할머니	en voz alta 큰 목소리로
mañana 내일	la verdura 야채	el director 감독, 지시자
el acuerdo 합의, 동의	el/la niñ@ 아이	la clase 수업
la comida 음식	el entusiasmo 열정	

긍정명령법 2

1. nosotr@s에 대한 명령형

'우리 ~합시다'라는 의미로 긍정명령은 접속법 현재 1인칭 복수형을 사용합니다.

2. usted/ustedes에 대한 명령형

명령형이지만 무언가를 부탁하는 뉘앙스가 있습니다. usted에 대한 긍정명령은 접속법 현재 3인칭 단수형을, ustedes에 대한 긍정명령은 접속법 현재 3인칭 복수형을 사용합니다.

접속법 현재형이 규칙인 동사

	hablar	comer	vivir
usted 접속법 현재 3인칭 단수	hable	coma	viva
nosotr@s 접속법 현재 1인칭 복수	hablemos	comamos	vivamos
ustedes 접속법 현재 3인칭 복수	hablen	coman	vivan

접속법 현재형이 -ga형태인 동사

	poner	tener	venir	oír
usted	ponga	tenga	venga	oiga
nosotr@s	pongamos	tengamos	vengamos	oigamos
ustedes	pongan	tengan	vengan	oigan

	salir	hacer	decir
usted	salga	haga	diga
nosotr@s	salgamos	hagamos	digamos
ustedes	salgan	hagan	digan

접속법 현재형이 완전히 불규칙인 동사

	dar	estar	saber	ver
usted	dé	esté	sepa	vea
nosotr@s	demos	estemos	sepamos	veamos
ustedes	den	estén	sepan	vean

	ir	ser
usted	vaya	sea
nosotr@s	vayamos(vamos)	seamos
ustedes	vayan	sean

접속법 현재형에서 어간의 모음이 변하는 동사

	pedir	**dormir**	**volver**	**poder**
usted	pida	duerma	vuelva	pueda
nosotr@s	pidamos	durmamos	volvamos	podamos
ustedes	pidan	duerman	vuelvan	puedan

Coman más. 여러분 더 드세요.

Tengan cuidado. 여러분 조심하세요.

Tengan prisa. 여러분 서두르세요.

Déselo Ud. 그것을 주세요.

Estúdielo mucho más. 더 많이 공부하세요.

Hable con la recepcionista para reagendar su cita.
약속을 다시 잡으려면 접수원과 이야기하세요.

Por favor, coma toda la comida. 음식을 다 드세요.

¡Vivan mejor teniendo buenos hábitos alimenticios!
좋은 식습관을 가지고 더 나은 삶을 사세요!

¡Vivan con optimismo! 여러분 긍정적으로 사세요!

Ponga todo su entusiasmo. 열의를 다하세요.

Pongan la mesa para que comamos todos.
여러분 모두 먹을 수 있게 식탁을 차리세요.

¡Venga al festival de la primavera! 봄 축제에 오세요!

Vengan temprano al taller. 여러분 공장에 일찍 오세요.

¡Salga de aquí inmediatamente! 당장 여기서 나가세요!

Salgan por la puerta de atrás. 여러분 뒷문으로 나가세요.

Haga todos sus ejercicios. 연습문제를 다 푸세요.

Por favor, hagan la tarea. 여러분 숙제를 하세요.

Digan cuando van a regresar del campamento.
여러분 캠프에서 돌아갈 때 말하세요.

Diga su nombre. 이름을 말하세요.

Duerma temprano. 일찍 주무세요.

¡Vuelva pronto! 일찍 돌아오세요!

Vuelvan a casa la próxima semana. 여러분 다음 주에 집에 돌아오세요.

Oiga atentamente las instrucciones. 지시를 주의 깊게 들으세요.

Ayúdeme con la caja para que pueda pasar.
지나갈 수 있게 상자를 들어주세요. (도와주세요.)

Oigan lo que su madre les dice. 여러분 어머니께서 말씀하시는 것을 잘 들으세요.

Vean que lugar nos conviene más para ir de vacaciones.
여러분 우리가 휴가 갈 가장 적당한 장소를 알아보세요.

Vayan por este camino. Es más seguro. 여러분 이 길로 가세요. 더 안전해요.

¡Den la alarma! 여러분 위험을 알리세요!

긍정명령형과 대명사(직접, 간접, 재귀)을 함께 사용할 때는 대명사는 무조건 동사 뒤에 위치합니다.

- Dé**selo** Ud. 그것을 주세요.
- Estúdie**lo** mucho más. 더 많이 공부하세요.

Ir동사의 nosotr@s에 대한 긍정명령은 문법상으로는 vayamos가 맞으나, 주로 직설법 현재형 1인칭 복수인 vamos를 사용합니다.

el mal humor 불쾌함	nervios@ 불안한	el cuidado 배려, 주의, 조심
la prisa 급함	la recepcionista 접수원	reagendar 다시 스케줄을 정하다
la cita 약속	la comida 음식	en voz alta 큰 목소리로
la ensalada 샐러드	mejor 더 좋은	buen@ 좋은
el hábito 습관	alimentici@ 식품의	el optimismo 낙천주의
el entusiasmo 열의	la mesa 식탁	el dinero 돈
prestar 빌려주다	el festival 축제	la primavera 봄
temprano 일찍	el taller 작업장, 공장	aquí 여기
inmediatamente 즉시	la puerta 문	atrás 뒤
el ejercicio 연습, 운동	la tarea 숙제	regresar 되돌아가다
el campamento 캠프	el nombre 이름	buscando 'buscar 찾다'의 현재분사
la cuenta 영수증	otr@ 다른	el agua 물
ocho 8	la hora 시간	pronto 빨리
próxim@ 다음	la semana 주	atentamente 주의깊게
la instrucción 지시	el camino 길	tropezar 넘어지다
ayudar 도와주다	la caja 상자	pasar 지나가다
la madre 어머니	el lugar 장소	convenir 어울리다, 적당하다
ir de vacaciones 휴가 가다	este/esta 이	segur@ 안전한
la alarma 알람, 경보	allí 저기	avisar 알리다
la jarra 물병		

118 부정명령법

부정명령이란?

'~하지마'라는 의미로 모든 인칭에서 **접속법 현재형**을 사용하고 부정형으로 만들기 위해 동사 앞에 **no**를 붙입니다.

* 1인칭(yo)에 대한 명령형은 사용하지 않습니다.

	hablar	comer	vivir
tú	no hables	no comas	no vivas
usted	no hable	no coma	no viva
nosotr@s	no hablemos	no comamos	no vivamos
vosotr@s	no habléis	no comáis	no viváis
ustedes	no hablen	no coman	no vivan

No **comamos** demasiado. 우리 너무 많이 먹지 말자.

No **hable** en japonés. 일본어로 말하지 마세요.

No **hablemos** de eso. 우리 그거 말하지 말자.

No **vivas** triste, vive alegre, disfruta la vida.
우울하게 살지 마. 즐겁게 살자. 삶을 즐겨.

	poner	**tener**	**venir**
tú	no pongas	no tengas	no vengas
usted	no ponga	no tenga	no venga
nosotr@s	no pongamos	no tengamos	no vengamos
vosotr@s	no pongáis	no tengáis	no vengáis
ustedes	no pongan	no tengan	no vengan

No se ponga nervioso. 긴장하지 마세요.

No te pongas nervioso. 긴장하지 마.

No tengas miedo. 겁먹지 마.

No vengas tarde. 늦게 오지 마.

No vengamos con el mismo cuento. 우리 같은 이야기 하지 말자.

	salir	hacer	decir
tú	no salgas	no hagas	no digas
usted	no salga	no haga	no diga
nosotr@s	no salgamos	no hagamos	no digamos
vosotr@s	no salgáis	no hagáis	no digáis
ustedes	no salgan	no hagan	no digan

No salgas de (la) casa. 집에서 나가면 안돼.

No salgas con ellos. 그들과 나가면 안돼.

No hagamos tonterías. 우리 바보같이 굴지 말자.

No digas malas palabras. 나쁜 말 하지 마.

No digamos mentiras. 우리 거짓말하지 말자.

	oír	pedir	ver
tú	no oigas	no pidas	no veas
usted	no oiga	no pida	no vea
nosotr@s	no oigamos	no pidamos	no veamos
vosotr@s	no oigáis	no pidáis	no veáis
ustedes	no oigan	no pidan	no vean

No pida más de lo debido. 더 이상 요구하지 마세요.

No veas películas indebidas. 불법 영화 보지 마.

No veas películas calientes. 19금 영화 보지 마.

No vean películas rojas. 야한 영화 보지 마세요.

	dormir	volver
tú	no duermas	no vuelvas
usted	no duerma	no vuelva
nosotr@s	no durmamos	no volvamos
vosotr@s	no durmáis	no volváis
ustedes	no duerman	no vuelvan

No duermas desnudo. Ponte algo. 벌거벗고 자지 마. 뭐 좀 입어.

No volvamos atrás. (un paso para atrás) Vamos para adelante.
우리 뒤로 돌아가지 말자. 앞으로 나가자.

No vuelvan a hacer lo mismo de antes. 이전에 했던 것을 반복하지 마세요.

	dar	estar
tú	no des	no estés
usted	no dé	no esté
nosotr@s	no demos	no estemos
vosotr@s	no deis	no estéis
ustedes	no den	no estén

No des lástima. 동정하지 마.

No des lo que tienes. 네가 가진 걸 주지 마.

No demos las entradas gratis. 우리 무료 입장권을 주지 말자.

No estés triste. 슬퍼하지 마.

No esté en casa perdiendo el tiempo. 시간 낭비하면서 집에 있지 마세요.

	ir	ser
tú	no vayas	no seas
usted	no vaya	no sea
nosotr@s	no vayamos	no seamos
vosotr@s	no vayáis	no seáis
ustedes	no vayan	no sean

No vayas tan rápido. ¿Qué prisa tiene?
이렇게 빨리 가지 마. 뭐가 그리 바빠?

No se vayan sin despedirse de mí. 저에게 이별인사 없이 가지 마세요.

No vayan a resbalarse. El suelo está mojado.
미끄러지지 않게 하세요. 바닥이 젖어 있어요.

No seas mal@. 나쁘게 굴지 마.

No seas tont@. 바보같이 굴지 마.

No seas brut@. 어리석게 굴지 마.

No sea cobarde. 겁쟁이처럼 굴지 마세요.

No sean tan atrevid@s. 여러분 불손하게 굴지 마세요.

demasiado 지나치게
triste 슬픈
la vida 인생, 삶
tarde 늦게
la travesura 못된 장난
la palabra 말
la película 영화
desnud@ 벌거벗은
el paso 걸음
la lástima 동정
perder 잃다
rápido 빨리
resbalarse 미끄러지다
tont@ 모자란, 바보같은
atrevid@ 불손한

el japonés 일본어
alegre 기쁜
nervios@ 두려워하는
mism@ 똑같은
la tontería 어리석음
la mentira 거짓말
indebid@ 불법적인
algo 어떤 것
adelante 앞에, 앞으로
la entrada 입장권
el tiempo 시간
la prisa 급함
el suelo 바닥
brut@ 어리석은

eso 그것
disfrutar 즐기다
el miedo 공포, 걱정
el cuento 이야기
mal@ 나쁜
más de lo debido 지나치게
caliente 음란한
atrás 뒤에, 뒤로
antes 이전
gratis 무료의
tan 그렇게
despedirse 이별인사를 하다
mojad@ 젖은
cobarde 겁이 많은

119

동사와 대명사의 합체

1. [조동사 + 동사원형]의 문장에서 목적격 대명사와 함께 사용될 경우

   * 간접목적대명사 혹은 직접목적대명사는 동사원형 뒤에 붙여 쓸 수 있습니다.
   * 동사원형 뒤에 목적격 대명사가 두 개 연속으로 붙을 경우, 동사원형의 어미에 아쎈또를 찍으며, [간접목적대명사 + 직접목적대명사]의 순서로 붙여 사용합니다.

   Quiero regalarte un libro. (=Te quiero regalar un libro.)
   나는 너에게 책을 선물하고 싶어.

   Quiero regalártelo. 나는 너에게 그것을 선물하고 싶어.

   Quiero regalarle un libro. 저는 당신에게 책을 선물하고 싶어요.

   Quiero regalárselo. 저는 당신에게 그것을 선물하고 싶어요.

   Tengo que enseñarte español. 나는 너에게 스페인어를 가르쳐 줘야 해.

   Tengo que enseñártelo. 나는 너에게 그것을 가르쳐 줘야 해.

   Tengo que enseñarle español. 저는 당신에게 스페인어를 가르쳐 줘야 해요.

   Tengo que enseñárselo. 저는 당신에게 그것을 가르쳐 줘야 해요.

Voy a prepararte comida mexicana.

나는 너에게 멕시코 음식을 준비해 줄 거야.

Voy a preparártela. 나는 너에게 그것을 준비해 줄 거야.

Voy a prepararle comida mexicana.

저는 당신에게 멕시코 음식을 준비해 줄게요.

Voy a preparársela. 저는 당신에게 그것을 준비해 줄게요.

2. 현재진행형에서 목적격 대명사가 함께 사용될 경우

  * 간접목적대명사 혹은 직접목적대명사는 현재분사에 붙여 쓸 수 있습니다.

  * 현재분사 -ando 혹은 -iendo에 -ándo 그리고 -iéndo와 같이 아쎈또를 찍어야 합니다.

Estoy estudiando español. 나는 스페인어 공부를 하고 있어.

  Estoy estudiándolo. 나는 그것을 공부하고 있어.

  Lo estoy estudiando. 나는 그것을 공부하고 있어.

Estoy mirando a Silvia. 나는 실비아를 보고 있어.

  Estoy mirándola. 나는 그녀를 보고 있어.

  La estoy mirando. 나는 그녀를 보고 있어.

Estoy pidiendo café una vez más. 나는 커피를 한번 더 부탁하고 있어.
　　Estoy pidiéndolo una vez más. 나는 그것을 한번 더 부탁하고 있어.
　　Lo estoy pidiendo una vez más. 나는 그것을 한번 더 부탁하고 있어.

José sigue aprendiendo español. 호세는 스페인어를 계속 공부하고 있어요.
　　José sigue aprendiéndolo. 호세는 그것을 계속 공부하고 있어요.
　　José lo sigue aprendiendo. 호세는 그것을 계속 공부하고 있어요.

3. 부정어 **no**는 무조건 조동사 앞에 씁니다.

　　No quiero regalarte un libro. 나는 너에게 책을 선물하고 싶지 않아.
　　No quiero regalártelo. 나는 너에게 그것을 선물하고 싶지 않아.
　　No te quiero regalar un libro. 나는 너에게 책을 선물하고 싶지 않아.

Voy a prepararte comida mexicana.
나는 너에게 멕시코 음식을 준비해 줄 거야.

* ir a + 동사원형 ~하려 하다

José sigue aprendiendo español.
호세는 스페인어를 계속 공부하고 있어요.

* seguir + 현재분사(-ando/-iendo) 계속 ~하고 있다

스페인에서는 '그(él)'에 대한 직접목적대명사 lo를, '당신(usted)'에 대한 직접목적대명사 le를 주로 사용하지만, 중남미에서는 '그(él)' 및 '당신(usted)' 모두에 대한 직접목적대명사로 주로 lo를 사용합니다.
 - Yo lo voy a llamar. (그에게 a él) 나는 그를 부를 거야.
 - Yo le voy a llamar. (당신을 a usted) 나는 당신을 부를 거예요.

querer 원하다	regalar 선물하다	el libro 책
enseñar 가르치다	preparar 준비하다	mexican@ 멕시코의
mirar 보다	pedir 부탁하다	la vez 번
más 더	aprender 배우다	llamar 부르다

120 직접, 간접, 재귀대명사와 긍정명령형의 합체

1. 긍정명령에서 재귀대명사가 사용될 경우

재귀동사의 긍정명령 문장에서 재귀대명사(me, te, se, nos, os, se)는 동사 뒤에 붙여 씁니다.

	levantarse
tú	levántate
usted	levántese
nosotr@s	levantémonos
	levantemosnos → s 삭제 → levantémonos
vosotr@s	levantaos
	levantados → d 삭제 → levantaos
ustedes	levántense

* 1인칭 복수 nosotr@s에서는 levantemos의 마지막 s를 삭제하고 재귀대명사 nos를 붙여주며, 2인칭 복수 vosotr@s에서는 levantad의 마지막 d를 빼고 재귀대명사 os를 붙여줍니다.

Siéntate aquí. 여기 앉아.
Siéntese aquí. 여기 앉으세요.
Quítate los calcetines. 양말을 벗어라.
Quítese los calcetines. 양말을 벗으세요.
Pruébatelo. 그걸 입어 봐.
Pruébeselo. 그걸 입어 보세요.

2. 긍정명령에서 목적격 대명사가 사용될 경우

[간접목적대명사 + 직접목적대명사]의 순서로 긍정명령 동사 뒤에 붙여 씁니다.

Espérame. 나를 기다려.

Espéreme. 나를 기다려주세요.

Piénsalo. 그것을 (너는) 생각해.

Piénselo. 그것을 생각해보세요.

Tráemelo. 나에게 (네가) 그것을 가져와.

Tráigamelo. 저에게 그것을 가져다주세요.

Dímelo. 나에게 그걸 말해 줘.

Dígamelo. 저에게 그걸 말해주세요.

irse일 경우 주의!
ir동사의 1인칭 복수 명령형은 vayamos이나, 이것보다는 직설법 현재형인 vamos를 주로 사용하므로 irse의 1인칭 복수형은 vámonos가 됩니다.

levantarse 일어나다
quitarse 벗다
irse 가다
pensar 생각하다

sentarse 앉다
los calcetines 양말
el/la amig@ 친구
traer 가지고 오다

aquí 여기
probarse 입어보다
esperar 기다리다
decir 말하다

부록

단어모음

많이 사용하는 동사

플러스테마

A

alegría (la)	환희, 즐거움, 기쁨	acostumbrar	길들이다, 습관들게 만들다
almuerzo (el)	점심식사	ayer	어제
ahora	지금	año (el)	년
antes	전에, 이전에	agradecer	감사하다
algunas veces	이따금	a qué hora	몇 시에
acompañad@	함께, 동행하여	álbum (el)	앨범
atent@	친절한	accidente (el)	사고
autobús (el)	버스	a tiempo	정각에
aeropuerto (el)	공항	agua (el)	물
anoche	어젯밤	allá	저쪽으로, 그 부근에서
agotad@	기진맥진한, 다 사용한	al otro lado	맞은 편에
azúcar (el)	설탕	artista (el/la)	예술가
acompañar	동행하다	amar	사랑하다, 좋아하다
así que	그러므로, 그래서	antier	엊그제, 그저께
aprovechar	유익하게 활용하다	árbol (el)	나무
aún	아직, 비록 ~해도	arrimar a	~에 가까이하다, ~의 옆에 놓다
algodón (el)	순면	auxiliar a	~를 돕다, 구조하다
azafata (la)	승무원	ayudar a	~을 돕다
asistir	참석하다	apartamento (el)	아파트
arco iris (el)	무지개	arreglarse	정리하다, 치장하다, 몸단장하다
atención (la)	주위, 주목	aumentar	늘어나다, 불어나다, 증가하다
acordarse de	생각해내다, 상기하다, 기억하다	afortunad@	운이 좋은, 행운의, 적절한
amor (el)	사랑, 애인	aburrid@	지루한

aburrimiento (el)	피로, 피곤, 지루함, 따분함		aguantar	견디다, 참다
agotamiento (el)	고갈, 소모, 쇠약, 극도의 피로		acá	이쪽에
aquí	여기		amig@ (el/la)	친구
aprender	배우다		acuerdo (el)	합의, 동의
abrir	열다		alimentici@	식품의
así	이렇게, 그렇게		atrás	뒤, 뒤에, 뒤로
alumn@ (el/la)	학생		atentamente	주의깊게
allí	저기, 저쪽에		alarma (la)	알람, 경보
abrigo (el)	외투		alegre	기쁜
aprender de	~을 배우다		algo	어떤 것
abogad@ (el/la)	변호사		adelante	앞에, 앞으로
avisar	알리다, 통지하다		atrevid@	불손한
aconsejable	충고할 수 있는		alimento (el)	식품의
abiert@	열린		apoyar	지원하다
aire (el)	공기, 대기			
amarill@	노란		**B**	
arena (la)	모래		batería (la)	배터리
atmosféric@	대기의, 공기의		bastante	충분히
afectar a	~에 영향을 미치다		bailar	춤추다
algun@	어떤, 어느		bolígrafo (el)	볼펜
Asia Oriental	동아시아		bolso (el)	가방
alegrarse de	~해서 기쁘다		blusa (la)	블라우스
andar	걷다		basura (la)	쓰레기
aunque	비록 ~일지라도		bolsa (la)	주머니, 가방
alegrarse	기쁘다		baño (el)	화장실

bonit@	예쁜, 귀여운	cabello (el)	머리카락
bien	아주, 잘, 충분히, 정확하게	catedral (la)	성당
blanc@	흰, 하얀	cosa (la)	물건
biblioteca (la)	도서관	cuarto (el)	방
buscar	찾다, 구하다	contestar	대답하다, 전화받다
beber	마시다	cargar	안아주다, 돌봐주다, 충전하다
bienvenida (la)	환영		
ballet (el)	발레	contigo	너와 함께
buen@	좋은, 양호한	concentrar	집중하다
bronquitis (la)	기관지염	compartir	나누다, 분배하다
brut@	어리석은	cenar	저녁식사를 하다
bailar salsa	살사를 추다	cerveza (la)	맥주
barco (el)	배	cónsul (el)	영사

C

		cerdo (el)	돼지
		cordero (el)	양
cada	각각	content@	기분 좋은, 행복한
carne (la)	고기	cumpleaños (el)	생일
cena (la)	저녁식사	color (el)	색상
casi	거의	cuaderno (el)	노트
cielo (el)	하늘	conmigo	나와 함께
cariños@	사랑스러운	consejo (el)	충고, 조언
comida (la)	음식, 식품, 식사, 점심	como	~처럼
cortés	예의바른	como antes	예전처럼
caminar	걷다	comer	먹다, 점심식사를 하다
conocer	알다, 식별할 수 있다, 경험하다	correo electrónico (el)	이메일

clase (la)	수업, 교실, 강의, 학급	control de la entrada y salida (el)	출입관리
casarse con	~와 결혼하다	cerrar	닫다, 잠그다, 폐쇄하다
condición (la)	조건, 컨디션	cansad@	피곤한
comparar	비교하다	cansansio (el)	피로, 피곤
cada uno	하나씩	calle (la)	거리, 길
contar	이야기하다, 계산하다	cine (el)	영화관, 영화
costumbre (la)	습관, 관습	cantar	노래하다
campo (el)	시골, 장소, 터, 초원	correr	달리다, 흐르다, 뛰다
cien	100, 백	cualquiera	어떤 ~이라도
caber	넣다, 담다, 용량이 있다, 여지가 있다	conducir	운전하다
cocinar	요리하다, 삶다	calor (el)	더위
creer	믿다, 생각하다	camarer@ (el/la)	종업원, 웨이터
cuidar	신경쓰다, 돌보다	cavando	파면서, 파고 있는
comprar	구입하다, 사다, 매입하다	curso (el)	강의, 과정
cuánt@	몇 개의, 얼마나 많은, 얼마만큼의	cometer	범하다, 저지르다
centro comercial	백화점, 쇼핑몰	cambiar de	~을 바꾸다
cerca de	근처, 가까이, 부근	consultar con	~와 상담하다
casa (la)	집, 주택	crear	창조하다, 생기다
compañer@ (el/la)	동료, 짝	calidad (la)	질, 품질, 성질
cobijar	덮다, 씌우다, 보호하다	cerrad@	닫힌
carta (la)	편지, 서류	conseguir	얻다, 성취하다
car@	비싼, 고가의	considerar	고려하다, 검토하다
ciudad (la)	도시	cuidado (el)	배려, 주의, 조심
caer	떨어지다, 넘어지다, 하락하다	cruzar	건너다

cita (la)	약속	ducharse	샤워하다
campamento (el)	캠핑	dieta (la)	다이어트, 식이요법
cuenta (la)	영수증	después	그리고 나서
caja (la)	상자	día siguiente (el)	다음 날
convenir	어울리다, 적당하다	día (el)	날, 하루
cuento (el)	이야기	distint@	다른
caliente	음란한, 뜨거운	dinosaurio (el)	공룡
cobarde	겁이 많은	defecto (el)	결함, 단점
calcetines (los)	양말	dormir	자다, 재우다, 잠들다
café (el)	커피	dónde	어디에

CH

		dar	주다, 기부하다
		deber	~해야 한다, ~일 것이다
chancho (el)	돼지	diseño industrial (el)	산업디자인
chocolate (el)	초콜렛	desear	원하다, 바라다
chic@ (el/la)	소년, 소녀	dentro de	~안에
champú (el)	샴푸	dejar	놓다, 남기다, 맡기다, ~한 상태로 두다
China	중국		
		diariamente	매일

D

		dibujar	그리다, 묘사하다
de	~로부터, ~의	duda (la)	의심
desayuno (el)	아침식사	dudar	의심하다, 확신이 없다
desayunar	아침식사 하다	discutir	토론하다
delicios@	맛있는	diciembre (el)	12월
decir	말하다, 얘기하다	descansando	쉬고있는, 쉬면서
desaparecer	없어지다, 사라지다	descanso (el)	휴식

difícil	어려운	extrañar	그리워하다
desierto (el)	사막	éxito (el)	성공
dañar	해를 끼치다, 손해를 주다	elegir	선출하다, 뽑다
deuda (la)	빚, 부채	estos días	요즘
dar un paseo	산책하다	enviar	보내다
dinero (el)	돈	exigente	까다로운, 깐깐한
deberes (los)	숙제	escalera (la)	계단, 사다리
director (el)	감독, 지시자	ejemplo (el)	예시
demasiado	지나치게	espina (la)	가시, 생선 뼈
disfrutar	즐기다	esquina (la)	모퉁이
desnud@	벌거벗은	en la tarde	오후에
despedirse	이별인사를 하다	este mes	이번 달
distribuir	공급하다	entre	~사이에
		excepto	~을 제외하고

E

		en vez de	~대신에, ~반대로
error (el)	착오, 실수, 잘못	en persona	실물로, 직접
especialmente	특별히	ejercicio (el)	연습, 운동
ensalada (la)	샐러드	escribir	글을 쓰다
era	~였다	estar en casa	집에 있다
estrellas (las)	별들	estar fuera de	~의 밖이다
estación (la)	역	estudiar	공부하다, 연구하다, 연습하다
eso	그것	escuela (la)	학교
escuchar	듣다, 청취하다	empezar a	~을 시작하다
espos@ (el/la)	남편, 아내	exposición (la)	전시회, 진열
entonces	그러면		

en español	스페인어로		
esperanza (la)	희망, 욕망		
educad@	교육받은, 예의있는	felicidad (la)	기쁨, 행복
emoción (la)	감동, 감정	fantasma (el)	유령
esperar	원하다, 바라다, 기다리다	fin (el)	끝, 마지막
enojad@	화난	facilidad (la)	능숙, 용이함, 재능
entrar	들어가다	fracaso (el)	실패
estar interesad@ en	~에 관심이 있다	físic@	신체의, 체격의
encontrado	찾은	fin de mes (el)	월 말
este/esta	이, 이것	fiesta (la)	파티
encontrar	찾다	formalmente	정식으로, 형식적으로, 공식으로
examen (el)	시험, 검사, 검토		
esforzar	집중하다, 애쓰다	final	최후의, 최종의, 궁극의
estar list@	준비되다	fruta (la)	과일
estacional	계절의, 장기적인	flor (la)	꽃
espes@	짙은, 무성한, 두꺼운	feliz	행복한, 기쁜
estar	있다	fumar	담배를 피우다
edad (el)	나이, 연령	fenómico (el)	현상
estar enferm@	아프다	fe@	불쾌한, 못생긴, 거친
empleo (el)	일, 직장	fresc@	신선한, 시원한
enferm@	아픈	fresco (el)	시원함
en voz alta	큰 목소리로		
entusiasmo (el)	열정, 열의	gafas (las)	안경
entrada (la)	입장권	gripe (la)	독감
enseñar	가르치다	gas (el)	가스, 탄산
enojarse	화나다		

gorro (el)	(캡 없는)모자	hablar de	~에 대해 말하다
grado (el)	단계, 학년	hart@	싫증이난, 지긋지긋한
gente (la)	사람들	hoy	오늘
galleta (la)	크래커, 과자	hambre (la)	공복, 허기, 배고픔
gimnasio (el)	체육관, 실내경기장	hola	안녕
grande	큰	hábito (el)	습관
golpear	때리다, 치다		
gritar	고함치다, 외치다		
guardar	지키다, 보호하다, 준수하다		
ganar	벌다, 얻다	invierno (el)	겨울
gratis	무료의	invitar	초대하다, 한 턱내다, 권유하다
		ir a	~로 가다
		interesante	흥미로운, 재미있는, 관심있는
hablar por teléfono	전화통화하다	inteligente	영리한, 머리가 좋은
hij@(el/la)	아들, 딸	ingenier@ (el/la)	기술자
higiene (la)	위생	iniciar	시작하다, 개시하다
haber	있다, 생기다, 발생하다, 소유하다, 가지다	ir	가다
		imposible	불가능한, 어려운
hacer	만들다, 창작하다, 제작하다, 이행하다	importante	중요한, 소중한
		invitad@ (el/la)	손님
hotel (el)	호텔	idea (la)	생각, 아이디어
hora (la)	시간	incluyendo	~을 포함하여
herman@ (el/la)	형제, 자매	intens@	강한, 집중된
historia (la)	역사	inmediatamente	즉시
hacer la cena	저녁을 하다	instrucción (la)	지시

ir de vacaciones	휴가 가다	leche (la)	우유
indebid@	불법적인	larg@	매우 긴, 기다란
irse	가다, 가버리다	lápiz (el)	연필
identificación (la)	신분증	levantarse	(스스로) 일어나다, 발생하다
		libro (el)	책
		libre	자유로운, 비어있는

J

jefe (el)	사장	lado (el)	측면, 위치
joven	젊은	leer	읽다
junio (el)	6월	lapicero (el)	펜, 볼펜, 필기구
jamás	결코 ~이 아니다, 한번도 ~이 아니다, 지금까지	luz (la)	빛, 전기
		lejos de	~에서 멀리
jugar al fútbol	축구를 하다	lavarse la cara	세수하다
junto	함께	lugar (el)	장소, 위치
jugar	놀다, 하다	látisma (la)	유감스러움, 동정
jarra (la)	물병	lograr	얻다, 거두다
japonés (el)	일본어	latin@ (el/la)	라틴계 사람
jugar al boliche	볼링치다	lotería (la)	복권
juntar	모으다	ladrón (el)	도둑
		libertad (la)	자유

K

Kazajistán	카자흐스탄

LL

llenar	채우다
llevar	가지고 가다, 데리고 가다, 지니다, 입고있다
llegar	도착하다, 도래하다

L

lección (la)	교훈, 수업, 강의
loc@	미친

llamar	전화걸다, 부르다, 명칭하다		miel (el)	꿀
llorar	울다		mochila (la)	배낭, 가방
llamada (la)	전화, 통화		maleta (la)	여행가방
llamarse	이름이 ~이다, ~라고 불리다		muñeca (la)	인형
			mar (el)	바다
lluvia (la)	비		marin@	바다의
llover	비가 오다		mandar	보내다, 전송하다
llave (la)	열쇠		mensaje (el)	메시지, 문자
			marzo (el)	3월

M

			mencionar	언급하다
mundo (el)	세계, 세상		maestr@ (el/la)	선생님
mejor	더 좋은, 제일 좋은, 더 좋게, 더 나은		máquina (la)	기계
			más	더
media noche (la)	자정		mejor amig@ (el/la)	가장 친한 친구
más o menos	대략, 그쯤		mujer (la)	여자, 여성, 아내
momento (el)	순간, 잠깐, 한 때, 단시간		mentir	거짓말하다, 속이다
medio día (el)	정오		música (la)	음악
manejar	다루다, 조종하다		multa (la)	벌금
media hora	반시간, 30분		manejo (el)	운전, 조작, 관리
más de	~이상		mesa (la)	식탁, 책상, 위원회
metro (el)	지하철		manzana (la)	사과
móvil (el)	휴대폰		mínim@	최저의, 미세한
mostrar	보여주다		mism@	동일한, 같은
mañana	내일		montaña (la)	산, 산지
minuto (el)	분		mucho	많이, 열심히

museo (el)	박물관, 미술관	necesitar	필요로 하다, ~할 필요가 있다
marchar	나아가다, 출발하다	nieve (la)	눈
Mongolia	몽골	nadie	아무도
máscara (la)	마스크	nota (la)	성적, 메모, 원고, 점수
mascarilla (la)	마스크	noticia del día (la)	오늘의 뉴스
morirse de	~하고 싶어 죽을 지경이다	negr@	검은, 어두운
morir	죽다	nevera (la)	냉장고
menos	적은, 덜	negación (la)	부정, 거부
mitad (la)	반, 절반	necesari@	피할 수 없는, 필요한
mal humor (el)	불쾌함	noche (la)	밤
miedo (el)	공포, 걱정	nevar	눈이 오다
mal@	나쁜	norte (el)	북쪽
mentira (la)	거짓말	nube (la)	구름, 떼
más de lo debido	지나치게	número (el)	번호
mojad@	젖은	nervios@	불안한
		nombre (el)	이름
		norma de seguridad (la)	안전규칙
		naturaleza (la)	자연

N

nacer	태어나다, 싹이 트다, 알에서 나오다
nada	아무것도 ~않는다, 없음
niñ@ (el/la)	소년/소녀
nunca	절대, 한번도 ~없다
negocio (el)	사업, 비즈니스
noticia (la)	뉴스
novi@ (el/la)	남자친구, 여자친구

O

olvidar	잊다, 망각하다
oída (la)	듣기, 듣는 일
opinar	의견을 가지다
oficina (la)	사무실

otoño (el)	가을	preocuparse	걱정하다
ocupad@	바쁜, 사용중인	princesa (la)	공주
opinión (la)	의견, 견해, 생각	príncipe (el)	왕자
orden (el)	규칙, 룰	parte (la)	부분
oler	냄새 맡다	positiv@	긍정적인
oportunidad (la)	기회	pregunta (la)	질문하다
originar	일으키다, 초래하다	pollo (el)	닭
optimismo (el)	낙천주의	política (la)	정치
otr@	다른	pianista (el/la)	피아니스트
ocho	8	profesor (el)	남자 교수
		página (la)	홈페이지
		persona (la)	사람
programa (el)	방송, 프로그램	prestar	빌려주다
pueblo (el)	마을	pareja (la)	커플
pequeñ@	작은	pensar	생각하다
parque (el)	공원	proyecto (el)	프로젝트
precios@	소중한, 귀중한	piso (el)	밝기, 층, 아파트, 바닥
pasad@	지난	primavera (la)	봄
preparar	준비하다	padres (los)	부모님
perder	잃다, 분실하다, 놓치다	pescado (el)	생선, 생선요리, 물고기
pasar	시간을 보내다, 통과시키다	problema (el)	문제, 의문
país (el)	국가, 나라	poner	놓다, 두다
pintor (el)	화가	ponerse	입다, 신다, 붙이다
partir	출발하다	poder	할 수 있다, 가능하다, ~할지도 모른다
preguntar	질문하다		

pedir un taxi	택시를 잡다	permitir	허가하다, 허락하다
para	~을 위해	prohibir	금하다, 금지하다
por detrás	당사자가 없는 곳에서, 뒤에서	palabra (la)	말, 낱말, 단어
poc@	조금	psiquiatra (el/la)	정신과 의사
pedir	요구하다, 부탁하다, 주문하다, 구걸하다, 원하다	privad@	사적인, 개인적인
		papá (el)	아빠
preocupar	걱정시키다	polvo fino (el)	미세먼지
preocuparse	걱정하다	partícula (la)	입자
pronto	신속히, 즉시, 곧, 미리	puest@	잘 차려 입은
profesora (la)	여자 교수	probablemente	아마, 어쩌면
pelicúla (la)	영화, 필름	playa (la)	해변
parecer	~와 닮다, ~와 같이 생각한다	paseo (el)	산책
		partido (el)	경기
parecerse	~를 닮다	prisa (la)	급함
perr@ (el/la)	개	próxim@	다음
pagar	지불하다	paso (el)	걸음
precio (el)	가격, 비용	probarse	입어보다
puerta (la)	문, 입구	prudencia (la)	조심
profesión (la)	직업	profundamente	깊게
posibilidad (la)	가능성, 일어날 수 있는 일	planear	계획을 세우다
planta (la)	층, 식물		
petición (la)	소망, 요구, 탄원		
pena (la)	벌, 슬픔, 괴로움, 걱정, 고통		

Q

querer	원하다, 탐내다, 좋아하다, 사랑하다
quizá	아마
quitarse	벗다

paella (la)	빠에야
pasado (el)	과거

R

realización (la)	실현, 현실화	reagendar	다시 스케줄을 정하다
recordar	기억하다	resbalarse	미끄러지다
rey (el)	왕	refugiad@ (el/la)	난민
reina (la)	여왕		
radio (la)	라디오		
recuerdo (el)	추억		
respetar	존경하다		
resultado (el)	결과, 성적		
recibir	받다		
restaurante (el)	레스토랑		
rápid@	빠른, 신속한, 민첩한		
referir	참조시키다, 관련시키다, 지칭하다, 언급하다		
reloj (el)	시계		
regresar	되돌아가다		
regalar	선물하다, 선사하다, 즐겁게하다		
responder	응답하다		
ric@	부유한, 풍부한, 아주 좋은		
rey de Roma (el)	로마의 왕		
rescatist@ (el/la)	구조자		
respirar	숨을 쉬다, 호흡하다		
rar@	드문, 희소한, 기묘한		
recepcionista (la)	접수원		

S

sabiduría (la)	지혜
sueño (el)	꿈
siempre	항상
seri@	심각한
sobre	~에 대하여, ~위에
sincer@	성실한, 솔직한
superar	능가하다, 극복하다
semana (la)	주
salsa (la)	소스
salir de	~로부터 나가다
siglo (el)	세기, 100년, 시기, 시대
separar	구분하다, 나누다
semana pasada (la)	지난 주
salir	가다, 출발하다, 떠나다
salir de trabajo	퇴근하다
salir de vacaciones	휴가를 얻다, 쉬다
saber	알다, 인지하다, 이해하다
sobreviviente (el)	생존자
servilleta (la)	냅킨
sin	~없이

sol (el)	태양
salir con	~와 데이트하다
sombra (la)	그림자
sol@	유일한, 혼자의, 고독한
soledad (la)	고독, 적적함
silencio (el)	정숙, 침묵
salud (la)	건강
sentimiento (el)	느낌, 기분
sacar	꺼내다, 인출하다, 얻다
subir	오르다
salario (el)	급여, 임금
sorpresa (la)	놀람, 생각지도 않은 선물
seguir	따라가다, 찾아가다, 계속하다
seriamente	중대하게
sentir	느끼다, 유감이다, 섭섭해하다
Sudamérica	남아메리카
segur@	안전한
suelo (el)	바닥
sentarse	앉다
secreto (el)	비밀
siete	7

todas las noches	매일 밤마다
travies@	장난꾸러기
tocar	만지다, 연주하다
tratar	노력하다, 취급하다, 다루다, 대우하다, 대하다
trabajo (el)	업무, 일, 작업
terminar	끝내다, 끝나다
tren (el)	기차
tí@ (el/la)	삼촌, 이모
tempran@	이른, 일찍
tiempo (el)	시간, 때, 시기
tenedor (el)	포크
tienda (la)	가게
tener	가지다, 소유하다
técnic@ (el/la)	기술자
traer	가지고 오다
trajeta de crédito (la)	신용카드
tod@	모두
tant@	그렇게 많은, 이렇게
tratarse	~에 관한 것이다
triste	슬픈, 우울한, 불쾌한
tránsito (el)	교통
túnel (el)	터널

trabajar	일하다	viajar	여행하다
tallarín (el)	국수, 면, 마카로니	vari@s	여러 가지의, 가지각색의, 여러
tarea (la)	숙제, 과제	vista (la)	시각, 시력, 시선, 눈길, 조망, 전망
temperatura (la)	온도, 기온		
tranquil@	조용한, 고요한, 편안한	volver	돌아오다, 돌아가다
tesoro (el)	보물	varias veces	여러 번, 자주
tomar asiento	앉다, 착석하다	verdura (la)	야채, 채소
tener que	~해야 한다	vez (la)	횟수
tormenta (la)	폭풍	visita (la)	방문
todavía	아직	viaje (el)	여행
tener buenas notas	좋은 점수를 받다	viaje de negocio (el)	출장
todos los días	매일	vaca (la)	소
taller (el)	작업장, 공장	vestido (el)	원피스
tropezar	넘어지다	visitar	방문하다
travesura (la)	못된 장난	verano (el)	여름
tontería (la)	어리석음	verdad (la)	진실, 사실, 진리
tan	그렇게	valer	값어치가 있다, 유의미하다
tont@	모자란, 바보같은		
tocar la lotería	복권에 당첨되다	venir	오다, 도착하다
		verse	~해 보이다, 어울리다, 만나다

U

únic@	유일한

V

vacaciones (las)	방학, 휴가	vender	팔다, 판매하다
		verde	초록색, 푸른
		ver	보다, 보이다
		víctima (la)	희생자

vetust@	노령의, 연로한, 낡은, 오래된
vivir	살다
viento (el)	바람
ventana (la)	창문
vida (la)	삶, 인생

Y

yo que tú	내가 너라면
ya	이미

zapato (el)	구두

많이 사용하는 동사

acabar de + 동사원형 ~을 막 끝내다
La clase acaba de empezar. 수업이 방금 시작됐어.

acabar por + 동사원형 결국 ~하다
Él acabó por dejar de fumar. 그는 결국 담배를 끊었어.

acompañar a + 명사 함께 해주다
Ella me acompaña al hospital. 그녀는 나와 병원에 함께 가 주었어.

aconsejar que + 접속법 ~을 권하다
Le aconsejé que tuviera prudencia al regresar con tanta lluvia.
나는 그에게 돌아올 때 비를 조심하라고 했어.

alcanzar a + 동사원형 ~할 수 있다.
No alcanzaba a tomar taxi en el campo. 시골에서는 택시를 잡을 수 없었어.

alegrarse de + 동사원형 ~해서 기쁘다
Me alegro de ver a mi amigo. 나는 친구를 만나서 기뻐.

aprender a + 동사원형 ~을 배우다
Aprendemos a bailar salsa. 우리는 살사 추는 것을 배워요.

atreverse a + 동사원형 과감히(감히) ~을 하다
No te atreves a hacerlo. 넌 그럴 용기가 없어.

ayudar a + 명사/동사원형 ~을 돕다, ~하는 것을 돕다
Ayudaba a mi abuelo en su oficina. 나는 사무실에서 할아버지를 돕곤 했어.

comenzar a + 동사원형　~하기 시작하다
Comenzó a decir el secreto.　그가 비밀을 말하기 시작했어.

concluir de + 동사원형　~을 마치다, ~하기로 결정하다
Concluye de distribuir alimento.　식량을 지급하기로 결정했어.

dar de + 동사원형　~할 것을 주다
Mi mamá me dio de comer.　엄마는 나에게 먹을 것을 주셨어.

deber + 동사원형　~해야 한다
Debes llegar a tiempo.　너는 제시간에 도착해야 해.

deber de + 동사원형　~인 것이 틀림없다
Debe de ser las ocho.　8시 일거야. (8시인 것이 틀림없어.)

decidir + 동사원형　~하기로 결심하다
Ha decidido estudiar todos los días.　그는 매일 공부하기로 결심했어.

dedicar mucho tiempo a + 동사원형　많은 시간을 ~에 할애하다
Dedico mucho tiempo a cuidar a los niños.　나는 아이들을 돌보는데 많은 시간을 써.

dejar de + 동사원형　~을 그만두다
Ayer dejó de estudiar.　그는 어제 공부를 그만두었어.

echar a + 동사원형 ~하기 시작하다
El ladrón echó a correr. 도둑은 뛰기 시작했어.

echarse a + 동사원형 ~에 전념하다, 행동을 하다
Ella se echó a dormir. 그녀는 잠들기 시작했어.

empezar a + 동사원형 ~하기 시작하다
Empezó a nevar por la mañana. 오전에 눈이 내리기 시작했어요.

enseñar a + 동사원형 ~을 가르쳐 주다
Me enseña a cocinar. 나에게 요리하는 것을 가르쳐 줘.

entretenerse en(con) ~을 즐기다, ~을 하며 시간을 보내다
Juan se entretiene jugando al boliche con sus amigos.
후안은 친구들과 볼링을 치며 시간을 보내요.

esperar + 동사원형 ~을 희망하다, 바라다
Espero que me toque la lotería. 내가 복권에 당첨되면 좋겠어.
Espero jugar al fútbol. 축구 하고싶어.

haber de + 동사원형 반드시 ~해야 한다
Se ha de seguir la norma de seguridad. 안전규칙을 지켜야 해요.

impulsar a + 동사원형 ~하도록 노력하다

Impulsamos a preguntar para saber profundamente.
깊이 알기 위해서는 질문하도록 노력해야 해요.

insistir en + 동사원형 ~에 고집부리다

Insistí en comprar la bolsa. 나는 가방을 사달라고 고집을 부렸어.

intentar + 동사원형 ~을 시도하다

Intento viajar por barco. 저는 배를 타고 여행하려고 해요.

invitar a ~에 초대하다

Les invitamos a nuestra cena. 당신들을 우리 저녁식사에 초대해요.

ir a + 명사/동사원형 ~을 할 것이다, ~하러 가다

Voy a levantarme a las siete. 나는 7시에 일어날 거야.
Va al mercado. 그는 시장에 가요.

llevar a + 동사원형 ~하도록 이끌다, 유도하다

Él me llevó a pasear. 그는 나를 산책하러 데려갔어요.

lograr + 동사원형 ~에 성공하다

Lograron juntar 100.000 wones. 그들은 십만 원을 모으는데 성공했어.

luchar por + 동사원형 ~을 하려고 애쓰다

Mucha gente luchaba por ganar la libertad.
많은 사람들이 자유를 쟁취하려고 애썼어요.

marcharse a + 동사원형 ~하러 출발하다
Se marcha a recibir el resultado. 결과를 받으러 출발했어.

necesitar + 명사/동사원형 ~을 필요로 하다, ~할 필요가 있다
Necesito ayuda para terminar la tarea. 숙제를 마치기 위해서는 도움이 필요해.
Necesito ayudar a la señora. 나는 그 부인을 도와드려야 해.

olvidarse de + 명사 ~을 잊다
Me olvidé de lo que me decía. 당신이 나에게 했던 말을 잊었어.

parar de + 동사원형 ~을 멈추다
Julia no para de hablar. 훌리아는 말하는 것을 멈추지 않아.

pasar a + 동사원형 ~하게 되다
Pasamos a cenar. 우리 이제 저녁 먹자.

pensar + 동사원형 ~을 하려고 하다
Piensa hacer lo que planeaba. 그는 계획했던 것을 하려 해요.

permitir + 동사원형 ~을 허용(허가)하다
No permiten entrar sin identificación. 신분증 없이 입장하는 것은 허용되지 않아요.

poder + 동사원형 ~을 할 수 있다
¿Puedo tomar un café? 커피 마실 수 있을까요?

ponerse a + 동사원형 ~하기 시작하다
Ella se pone a estudiar temprano. 그녀는 일찍부터 공부하기 시작한다.

precipitarse a + 동사원형 급히 ~하다
Mi mamá se precipitó a preparar la cena. 엄마는 급하게 저녁을 준비했어.

preferir A a B B보다 A를 선호하다
Prefiero el verano al invierno. 나는 겨울보다 여름이 좋아.

pretender + 동사원형 ~을 의도하다, 하려고 하다
Pretendo mentir. 거짓말을 하려고 해.

prohibir + 동사원형 ~을 금지하다
Se prohíbe fumar. 흡연은 금지에요.

procederse a + 동사원형 ~을 행동으로 옮기다
Se procede a apoyar refugiado. 난민을 지원하는 것을 행동으로 옮겨요.

quedarse a + 동사원형 ~하려고 머무르다
Me quedo a vivir en la naturaleza. 나는 자연에 살려고 머물러.

querer + 동사원형 ~을 하고싶다
Quiero conocerlo. 나는 그를 알고 싶어.(만나보고 싶어.)

referirse a + 동사원형 ~하는 것을 언급하다
Se refirió a comer alimento sano. 건강한 음식을 먹는 것을 언급했어요.

saber + 동사원형 ~할 줄 알다
Ella sabe abrir la puerta sin llave. 그녀는 열쇠 없이 문을 열 줄 알아.

salir a + 명사/동사원형 ~하러 나가다, 외출하다
Salgo a ir al hospital. 나는 병원에 가려고 나가.
Salgo al hospital. 나는 병원에 가.
Salgo a caminar un ratito. 잠깐 걸으러 나가

tener que + 동사원형 ~해야 한다
Los padres tienen que cuidar a sus hijos. 부모는 자식을 돌봐야 해요.

tratar de + 동사원형 ~하려고 시도(노력)하다
Tratemos de correr más rápido que antes. 전보다 더 빨리 달리려고 노력합시다.

venir a + 동사원형 ~하기 위해 오다
Mi jefe vino a buscarme. 사장님이 저를 찾으러 왔어요.

volver a + 동사원형 다시 ~하다
Me alegro de volver a verle. 저는 당신을 다시 뵙게 되어 기뻐요.

¡Feliz Año Nuevo!
새해 복 많이 받으세요!

¡Feliz Navidad y próspero Año Nuevo!
메리크리스마스! 그리고 새해 복 많이 받으세요!

¡Feliz Año Nuevo próspero año y felicidad!
새해 복 많이 받으세요. 번창하고 행복한 한 해가 되길 바라요.

¡Un nuevo año es el nuevo comienzo! 새해는 새로운 시작입니다!

¡Feliz Año Nuevo 2023! 2023년 새해 복 많이 받으세요!

Una carta de Silvia 실비아의 편지

- Mis mejores deseos para ustedes

El nuevo año 2023, ha nacido para traer alegría y felicidad a todo el mundo. Feliz Año Nuevo a todos mis amigos, y muy especialmente para: ¡Mis amigos de este programa de español! Mis mejores deseos para la realización de todos tus sueños. Mis mejores deseos para ustedes.

- De Silvia

모두에게 행복과 기쁨을 가져다 줄 2023년 새해가 밝았습니다. 나의 모든 친구들에게 새해 복 많이 받으라는 인사를 전합니다. 특히 스페인어 프로그램의 많은 친구들에게 행복한 새해가 되기를 기원합니다. 나의 최고 소원은 여러분의 모든 꿈이 실현되는 것입니다. 여러분들을 위한 저의 최고 소원입니다.

- 실비아

Frases hermosas 좋은 글

¡No podemos olvidar los errores, pero de cada lección nos llenamos de sabiduría!

우리는 실수를 잊을 수 없다. 그러나 매 교훈을 통해 우리는 지혜로 가득 채워질 것이다.

Ha nacido nacer 동사의 현재완료형입니다. 이제 태어난 상태이므로 [haber + 과거분사형]을 쓰되, 2023년이 주어이므로 haber 동사의 3인칭 현재형인 ha를 사용합니다.

deseos '소망'이라는 남성명사 복수형입니다. desear 동사와 혼동하지 않도록 주의합니다.

No podemos olvidar 우리는 ~를 잊을 수 없다.
[no poder + 동사원형]은 '~을 할 수 없다'라는 뜻입니다.

Nos llenamos de~
llenarse '스스로 가득 채우다'라는 재귀동사를 1인칭 복수형으로 사용했습니다.
llenarse de는 '~로 가득 채우다'라는 의미입니다.

느낌표와 물음표는 항상 문장의 맨 앞과 맨 뒤에 한 세트로 사용합니다.
- ¡Feliz año nuevo!
- ¿Cómo estás?

nacer 태어나다	**podemos** 우리는 할 수 있다	**olvidar** 잊다, 망각하다
el error 착오, 실수, 잘못	**la felicidad** 기쁨, 행복	**la lección** 교훈, 수업, 강의
llenar 채우다	**la sabiduría** 지혜	**la alegría** 환희, 즐거움, 기쁨
la realización 실현, 현실화	**el sueño** 꿈	**cada** 각각
el mundo 세계, 세상	**especialmente** 특별히	**el programa** 방송, 프로그램
mejor 더 좋은, 제일 좋은, 더 좋게	**de** ~로부터, ~의	

¿Qué estabas haciendo?
뭐 하고 있었던 거야?

Novio: ¿Qué estabas haciendo?

Novia: Estaba estudiando en mi cuarto. ¿Por qué me preguntas eso?

Novio: Es que... te llamé varias veces y no me contestabas. Pues, ¿por qué no me contestaste?

Novia: ¿De veras? Perdón. Creo que... me llamaste cuando estaba duchándome. Y también estaba cargando mi móvil porque la batería estaba agotada.

Novio: Puedes ser... pero me preocupaba mucho.

Novia: No pasa nada. Siempre estoy aquí, siempre estoy contigo.

남자친구: 어제 밤에 뭐 하고 있었어?

여자친구: 난 내 방에 있었지. 그걸 왜 나에게 묻는 거야?

남자친구: 그게 말이지... 내가 여러 번 전화했는데 네가 전화를 안받더라구. 근데 왜 전화 안 받은 거야?

여자친구: 정말? 미안해. 내 생각엔 내가 샤워 중이었을 때 네가 전화한 것 같아. 게다가 휴대폰 배터리가 다 떨어져서 충전하던 중이었거든.

남자친구: 알겠는데... 근데 내가 많이 걱정했잖아.

여자친구: 아무 일 없었어. 나는 항상 여기에 있고, 항상 너와 함께 있어.

¿Qué estabas haciendo? 뭐 하고 있었어?

estabas(estar 동사 2인칭 불완료과거) + haciendo(hacer 동사 현재분사)

* 진행형은 'estar 동사 + 현재분사'의 형태로 사용합니다. -ar동사는 어미를 -ando로, -er/-ir 동사는 어미를 -iendo로 바꾸어 현재분사를 만듭니다.

* estar 동사를 현재형으로 사용하면 현재진행형이 되고, 단순과거나 불완료과거를 사용하면 과거진행형이 됩니다. 과거진행형은 과거에 진행했던 사건을 표현할 때 사용합니다.

Es que는 질문에 대한 이유를 대답할 때 porque(왜냐하면) 대신 사용할 수 있는 표현으로, 회화에서 자주 사용합니다.

contestar '대답하다'라는 의미 이외에 '전화를 받다'라는 뜻으로도 사용합니다.

동사원형과 현재분사형에 아쎈또를 찍는 경우

1. 조동사로 인해 동사원형이나 현재분사형 뒤에 [간접목적대명사 + 직접목적대명사]가 함께 사용되거나 [재귀대명사 + 직접목적대명사]가 함께 사용되면 뒤에서 세번째 음절에 아쎈또를 꼭 표시합니다.

    - Tengo que preparárselo. 나는 그에게 그것을 준비해 주어야 한다.
      (se 간접목적대명사 + lo 직접목적대명사)

    - Voy a dártelo. 나는 너에게 그것을 줄 것이다.
      (te 간접목적대명사 + lo 직접목적대명사)

    - Puedo hacértelo. 나는 너에게 그것을 해 줄 수 있어.
      (te 간접목적대명사 + lo 직접목적대명사)

    - Quiero ponérmela. 나는 그것을 입어 보고 싶다.
      (me 재귀대명사 + la 직접목적대명사)

2. 현재분사형 뒤에 간접목적대명사 혹은 직접목적대명사 중 한가지라도 뒤에 붙으면 뒤에서 세번째 음절에 아쎈또를 표시합니다.

- Estoy estudiándolo. 나는 그것을 공부하는 중이다.
  (estudiar의 현재분사 + lo 직접목적대명사)

- Estoy terminándolo. 나는 그것을 끝내는 중이다.
  (terminar의 현재분사 + lo 직접목적대명사)

- Estoy preparándolo. 나는 그것을 준비하는 중이다.
  (preparar의 현재분사 + lo 직접목적대명사)

- Estoy duchándome. 샤워하는 중이야.
  (duchar의 현재분사 + me 재귀대명사)

- Estoy lavándome la cara. 세수하는 중이야.
  (lavar의 현재분사 + me 재귀대명사)

- Estoy bañándome para salir. 외출하려고 목욕하는 중이야.
  (bañar의 현재분사 + me 재귀대명사)

anoche 어젯밤	el cuarto 방	preguntar 질문하다
eso 그것	llamar 전화걸다, 부르다	contestar 대답하다, 전화받다
varias veces 여러번, 자주	ducharse 샤워하다	cargar 안아주다, 돌봐주다, 충전하다
el móvil 휴대폰	la batería 배터리	agotad@ 기진맥진한, 다 사용한
preocuparse 걱정하다	contigo 너와함께	

Hoy por la tarde llegará mi amiga Nora.
오늘 오후쯤에 내 친구 노라가 도착할 거야.

Hoy llegará(llega/va a llegar) a Corea una amiga mexicana. Me dijo que llegará cerca de mi casa a eso de las 5 de la tarde. Ella siempre está concentrada en mi trabajo. Siempre escucha mi programa de español y me da buenas ideas para compartirlas en la radio. Ella es sincera y también es muy positiva en todas partes. A ella le gusta correr todas las mañanas para superar su estrés. Nora nunca ha estado en Corea. Esta vez será la primera visita. A ella le gusta estudiar coreano y también en México ha estudiado bastante. Por eso entenderá un poco de coreano. Quiero acompañarla para mostrarle varios lugares famosos de Corea pero creo que no tenemos mucho tiempo. Así que voy a tratar de aprovechar (de) para pasear con ella para tener buenos recuerdos de Corea y de mí.

오늘 멕시코 친구 한 명이 한국에 도착할 거야. 우리 집 근처로 오후 5시쯤 도착할 것이라고 나에게 말했어. 그녀는 항상 나의 일들을 신경 써 줘. 나의 스페인어 방송을 항상 청취하고, 방송에서 공유할 수 있는 좋은 아이디어들을 줘. 노라는 성실(솔직)하며 게다가 항상 모든 면에 있어서 매우 긍정적이야. 그녀는 그녀의 스트레스를 극복하기 위해 매일 아침마다 조깅하는 것을 좋아해. 노라는 한국에 와 본 적이 없어. 이번이 첫번째 방문일 거야. 그녀는 한국어 공부하는 것을 좋아해. 게다가 멕시코에서 공부를 많이 해왔어. 그래서 한국어를 조금 이해할 거야. 나는 그녀에게 한국의 유명한 여러 장소를 보여주기 위해서 동행하고 싶어. 그러나 우리에게 시간이 많은 것 같지는 않아. 그래서 나는 한국과 나에 대한 좋은 추억을 가질 수 있도록 그녀와 함께 여기 저기 다니면서 유익하게 보낼 수 있도록 노력할 거야.

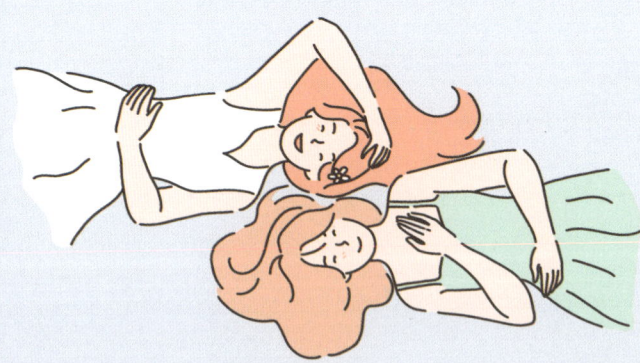

llegar 도착하다

(yo)	**llegaré**
(tú)	**llegarás**
(él, ella, usted)	**llegará**
(nosotr@s)	**llegaremos**
(vosotr@s)	**llegaréis**
(ell@s, ustedes)	**llegarán**

* **llegará a** ~에 도착할 것이다

mexicana 멕시코 여자이므로 여성 형용사를 사용했으며 남자일 경우에는 mexicano로 표현합니다.

me dijo que '나에게 ~라고 말했다'라는 의미로 간접목적대명사인 me가 사용되었으며 dijo는 decir동사의 단순과거로 이미 끝난 행위를 나타냅니다.

a eso de las + 숫자 '그 시간 즈음에'라는 뜻으로 관사를 반드시 함께 써야 합니다.

* **a eso de la una** 1시 즈음에
시간은 여성 명사이므로 1시일 경우에만 la를 사용하고 2시부터는 las를 사용합니다.

en la radio 라디오에서
텔레비전, 냉장고 등 전제제품과 가구에는 관사를 붙여 함께 사용합니다.

Ella siempre está concentrada en mi trabajo.
그녀는 항상 나의 일들을 신경 써 준다.

* 사고의 의미를 가진 동사는 목적어를 받을 때 전치사 en을 동반합니다.
  pensar en ~을 생각하다 / creer en ~을 믿다 / concentrar en ~에 집중하다

para compartirlas

[para + 동사원형]의 형태로 사용하며 las는 직접목적대명사로 앞의 buenas ideas를 가리킵니다.

- A mí, me gusta correr todas las mañanas para superar mi estrés.
  나는 스트레스를 극복하기 위해 매일 아침마다 조깅하는 것을 좋아한다.

- A mí, me gusta cantar todas las mañanas para superar mi estrés.
  나는 스트레스를 극복하기 위해 매일 아침마다 노래하는 것을 좋아한다.

la primera visita 첫 번째 방문

* la segunda vez 두번째 방문 (la vez 번, 횟수)

concentrar 집중하다	la radio 라디오	escuchar 듣다, 청취하다
compartir 나누다, 분배하다	sincer@ 성실한, 솔직한	la parte 부분
positiv@ 긍정적인	la vez 횟수	nunca 절대
superar 능가하다, 극복하다	la visita 방문	bastante 충분히
acompañar 동행하다	mostrar 보여주다	así que 그러하므로, 그래서
tratar de 노력하다	aprovechar 유익하게 활용하다	pasear 산책하다, 드라이브하다
mostrar 보여주다	el recuerdo 추억	

¿Qué vas a hacer mañana?
내일 뭐 할 거야?

Laura: ¿Ángel qué vas a hacer mañana?

Ángel: Mañana voy a estar todo el día en la oficina, porque tengo mucho trabajo.

Laura: ¿A qué hora termina tu trabajo?

Ángel: No lo sé aún... Pero puedes decirme ¿por qué me preguntas eso?

Laura: Es que... mañana es mi cumpleaños y quiero cenar contigo.

Ángel: Ah, no sabía. Entonces ¿qué te parece si mañana cenamos juntos, a eso de las 8 y después vamos a tomar una cerveza? Yo te invito.

Laura: ¡Sí, claro! Me parece bien, pero yo invito.

Ángel: ¡Muy bien! ¿Entonces nos vemos mañana?

Laura: Me parece bien, nos vemos mañana.

라우라: 앙헬, 너 내일 뭐 할 거야?

앙헬: 나는 내일 하루 종일 사무실에 있을 거야. 왜냐하면 내가 일이 많거든.

라우라: 너 일이 몇 시에 끝나?

앙헬: 나는 아직 그것을 모르겠어. 그런데 그 질문을 나에게 왜 하는지 얘기해 줄래?

라우라: 그게 말야... 내일 내 생일이야. 그래서 너와 저녁 식사를 하고 싶어서.

앙헬: 아... 그래? 몰랐어. 그러면 우리 내일 저녁 식사를 8시쯤에 함께 하는 것은 어때? 그리고 나서 우리 맥주도 한잔하자. 내가 너에게 한 턱 쏠게.

라우라: 응. 그래 좋아. 근데 내가 살게.

앙헬: 그래 좋아! 그럼 우리 내일 볼까?

라우라: 좋아. 그럼 우리 내일 만나.

¿Ángel qué vas a hacer mañana? 앙헬, 너 내일 뭐 할 거야?

hacer 동사의 미래형을 사용해 ¿Ángel qué harás mañana? 로 표현할 수 있습니다.

tener mucho trabajo 업무가 많다.

no lo sé aún 아직 그것을 모르겠어.

saber 알다

(yo)	sé
(tú)	sabes
(él, ella, usted)	sabe
(nosotr@s)	sabemos
(vosotr@s)	sabéis
(ell@s, ustedes)	saben

puedes decirme 나에게 말해도 돼.
puedes(조동사) + decir(동사원형) + me(간접목적대명사)

no sabía saber 동사를 불완료과거로 표현한 것은 '알고 있다'라는 것은 한 번 아는 것이 아니라 이미 알고 있거나 아직 몰랐다는 지속의 의미가 있기 때문에 불완료과거를 많이 사용합니다.

¿qué te parece~? 너는 어떻게 생각해?
상대방의 의사를 물어볼 때 많이 사용하는 표현입니다.

yo te invito '대접할게', '한 턱 쏠게'의 의미로 사용합니다.

nos vemos 재귀동사 중 상호의 se로 **casarse**(결혼하다)와 같이 se를 동반하여 '서로 보다'라는 **verse**로 사용합니다.

일상적으로 자주 만나는 사이인 경우에는 '내일 만나자'라는 의미로 Hasta mañana를, 가끔 보는 사이인 경우에는 Nos vemos mañana를 자주 사용합니다. 그러나 문법상으로는 둘 다 맞는 표현이며 사용 가능합니다.

mañana 내일
aún 아직
contigo 너와 함께
la cerveza 맥주

la oficina 사무실
decir 얘기하다, 말하다
entonces 그러면

el trabajo 업무
cenar 저녁식사를 하다
después 그리고나서

전치사 a와 de

a

1. 목적어(사람) ~를, ~에게
- Quiero ver a Silvia. 나는 실비아를 만나고 싶어. (보고 싶어)
- Yo respeto a mis padres. 나는 나의 부모님을 존경해.
- Conozco a Juan. 나는 후안을 알아.
- Visitaré a mis abuelos. 나는 우리 할머니와 할아버지를 뵈러 갈 거야.

2. 목적지(방향 제시) ~로, ~에
- Vamos a Madrid. 우리 마드리드로 가자.
- Vamos a Seúl. 우리 서울로 가자.
- Vamos a casa. 우리 집에 가자.

3. 대상 ~에 대한
- Son los resultados a esa pregunta. 그 질문에 대한 결과들이야.

4. 시간 ~시에, ~시가 되어
- Salimos a las 3. 우리 3시에 나가자.
- Partimos a las 3. 우리 3시에 출발하자.

5. 거리 ~에, ~떨어진, ~거리에
- Mi casa está a 10 minutos (de aquí). 우리집은 여기서 10분 거리에 있어.
- Mi escuela está a 10 minutos (de aquí). 학교는 여기서 10분 거리에 있어.

  * 시간에는 관사를 붙여야 하며, 여성 정관사 la, las를 사용합니다.

6. 비율 ~에 ~번

- 2 veces al día. 하루에 2번
- 3 veces a la semana. 일주일에 3번
- 4 veces al mes. 한 달에 4번
- 5 veces al año. 일 년에 5번

7. 가격 얼마에

- He comprado a 30 pesos. 나는 30페소에 구입했어.

8. 특정 인물 표시

- Quiero a José. 나는 호세를 만나고 싶어.

전치사 a를 동반하는 동사 모음 [동사 + a + 동사원형]

Ir a ~을 할 것이다

- Voy a vivir en Corea. 나는 한국에서 살 거야.

Empezar a ~하기 시작하다

- Empiezo a estudiar español. 나는 스페인어를 공부하기 시작해.

Ayudar a ~하는 것을 돕다

- Ayudo a cocinar la comida mexicana. 나는 멕시칸 음식을 만드는 것을 도와.

Enseñar a ~을 가르치다

- Enseño a bailar. 나는 춤추는 것을 가르쳐.

Echar a ~을 하기 시작하다
- Echo a llorar. 나는 울기 시작해.

Salir a ~을 하러 나가다
- Salgo a pasear. 나는 산책을 하러 나가

de

1. 소유 ~의
   - Este móvil es de Lucas. 이것은 루까스의 핸드폰이야.

2. 출신 ~출신이다
   - Soy de Corea del Sur. 나는 한국에서 왔어요. 한국사람이에요.
   - Juan es de Inglaterra. 후안은 영국 출신이야.
   - Mi móvil es de LG. 내 핸드폰은 LG거야.
   - Mi móvil es de Samsung. 내 핸드폰은 삼성거야.

3. 직종 ~으로
   - Ella trabaja de azafata. 그녀는 승무원으로 일을 해.

4. 자격 ~로
   - Estoy en Corea de cónsul. 나는 영사로 한국에 있어.

5. 재료 ~로 만들어진
   - Esta camisa es de algodón. 이 셔츠를 면으로 만들어진 거야.
   - Carne de vaca 소고기 / de pollo 닭고기
     de chancho(cerdo) 돼지고기 / de cordero 양고기

6. 근원지, 출처 ~에서, ~로부터
   - Vengo de Corea. 나는 한국에서 왔어.

7. 이유, 원인제공 ~으로 인하여
   - Estoy loca de trabajo. 나는 일 때문에 머리가 아파.
   - Silvia está contenta de celebrar su cumpleaños.
     실비아는 그녀의 생일로 인해 지금 행복해.

8. 사역 ~에 의하여
   - Juan va a la escuela acompañado de su madre.
     후안은 엄마를 따라서 (엄마와 함께) 학교에 간다.

9. 시점 ~로부터
   - De niña era inteligente. 어렸을 때부터 똑똑했어.

전치사 de를 동반하는 동사 모음 [동사 + de]

Cambiar de + 명사/동사 ~을 바꾸다
   - Cambio de casa. 나는 이사해.

Acabar de + 동사원형 방금 막 ~을 끝내다
   - Acabo de terminar el trabajo. 나는 방금 일을 끝냈어.

Deber de + 동사원형 ~임에 틀림없다
   - Juan debe de estar en casa. 후안은 집에 확실히 있을 거야.

Dejar de + 동사원형　~을 그만두다
- **Dejaré de** trabajar. 나는 회사를 그만 둘거야.

Haber de + 동사원형　~을 할 것이다, ~을 해야만 한다
- Él **ha de** llegar. 그는 도착할 거야.

respetar 존경하다	extrañar 그리워하다	el resultado 결과
la pregunta 질문	el minuto 분	la semana 주
la comida 음식	bailar 춤추다	llorar 울다
pasear 산책하다	el móvil 휴대폰	la azafata 승무원
el cónsul 영사	el algodón 순면	la vaca 소
el pollo 닭	el chancho 돼지	el cerdo 돼지
el cordero 양	loc@ 미친	content@ 기분 좋은, 행복한
el cumpleaños 생일	acompañad@ 동행이 된	terminar 끝내다, 끝나다
llegar 도착하다		

전치사 en과 con

en

1. 위치 ~에, ~에서, ~위에

Estaré en casa. 나는 집에 있을 거야.
Vivo en Seúl. 나는 서울에 살아.
El libro está en la mesa. 책은 책상 위에 있어.

2. 시기 ~때, ~에

en 2023 (en el año 2023) 2023년에

3. 기간 ~에

Lo ha hecho en 2 semanas. 2주만에 그것을 만들었다.

4. 방법 ~로, ~으로

Yo hablo en español. 나는 스페인어로 말해.
Yo hablo en coreano. 나는 한국어로 말해.
¿Hablas en coreano? 너 한국어로 말하니?
Viajo en tren. 나는 기차를 이용해서 여행을 할 거야.

5. 가격 (얼마)~에, ~로

Quiero vender en 100 dólares. 100달러에 팔고 싶어.

6. 활동분야 ~에서

Ella es inteligente en el español. 그녀는 스페인어 부분에서 아주 똑똑해.

en을 동반하는 동사 모음 [동사 + en]

Ir en ~을 타고가다
- Me iré en tren. 기차를 타고 가.
- Me voy en coche. 나는 차를 타고 가.
- Voy en avión. 나는 비행기를 타고 가.

Creer en ~을 믿다
- Creo en ti. 나는 너를 믿어.
- No creo en ti. 나는 너를 믿지 않아. (=No te creo.)

Pensar en ~을 생각하다
- Pienso en mi familia. 나는 가족을 생각해.
- Pienso en ti. 나는 너를 생각해.
- Estoy pensando en mi futuro. 나는 나의 미래를 생각하는 중이야.

Confiar en ~을 신뢰하다
- Ahora no puedo confiar en la política coreana.
  나는 현재 한국의 정치를 신뢰하지 못해.

con

1. 동반 ~와 함께

Mi hermano está con mi tío. 나의 오빠(남동생)는 나의 삼촌과 함께 있어.

Yo viajo con mis estudiantes. 나는 나의 학생들과 함께 여행해.

2. 수단 ~으로

Mi hermana siempre escribe con bolígrafo.
나의 누나(여동생)는 항상 볼펜으로 글을 써.

3. 부속 ~을 넣은, ~를 섞은

Café con leche por favor. 카페라떼 한 잔 주세요.

Con salsa por favor. 소스를 함께 주세요.

Leche con miel 꿀이 들어간 우유

Agua con gas 탄산수

Churro con chocolate 초콜렛을 바른 츄러스

4. con + 추상명사

El niño habla con facilidad. 소년은 능숙하게 말한다.

con을 동반하는 동사 모음

Quedar con ~와 만날 약속을 하다
- Mañana voy a quedar con Susana. 나는 내일 수산나를 만날 거야.

Acabar con ~로 끝나다
- Acabaron con gran éxito. 그들은 성공적으로 마무리했어.

Casarse con ~와 결혼하다
- Me casaré con Luis. 나는 루이스와 결혼할 거야.

Lo ha hecho. 그(그녀는) 그것을 했다.

lo(직접목적대명사) + ha(haber동사 3인칭 단수 현재) + hecho(hacer 동사 과거분사)

Hablas en coreano? '한국어로 말한다'라는 수단을 나타내는 것이며, 단순히 언어를
사용하는지에 대한 질문을 할 경우에는 전치사 en을 사용하지 않고 ¿Hablas coreano?라고 표현합니다.

Quiero vender en 100 dólares. 100달러에 팔고 싶어.

숫자를 복수로 사용한 경우, 화폐단위도 복수를 사용합니다.

* 달러 dólar → dólares / 페소 peso → pesos
  원 won → wones / 유로 euro → euros

Creer en ~을 믿다

생각, 사고의 의미를 가진 동사는 목적어를 받을 경우 꼭 전치사 en을 동반합니다.

* Pensar en ~을 생각하다 / Confiar en ~을 신뢰하다

contigo 너와 함께

전치사 con + 2인칭 대명사 tú = contigo

por favor 부탁, 요청을 할 경우 많이 사용합니다.

한국에서 이미 고유명사로 알려져 있는 츄러스는 Churro의 복수형(Churros)입니다.

el tren 기차
el chocolate 초콜렛
el/la tí@ 삼촌, 이모
el bolígrafo 볼펜

la política 정치
extrañar 그리워하다
la leche 우유
la miel 꿀

el gas 가스, 탄산
la facilidad 능숙, 용이함, 재능
el éxito 성공
la salsa 소스

전치사 para와 por

para

1. 목적 ~을 위하여, ~을 위한

- Estudia para ser pianista. 피아니스트가 되기 위해 공부해.
- Yo estudio para ser profesor de español.
  나는 스페인어 선생님이 되기 위해 공부해.

2. 방향 ~로, ~에, ~를 향하여 *전치사 a와 비슷한 의미

- Viajaremos para Madrid. 우리는 마드리드로 여행을 갈 거야.

3. 기한 ~까지

- Los deberes son para esa mañana. 숙제는 내일까지야.

4. 비교 ~에 비해서는, ~하기에는

- Ya es muy tarde para salir. 나가기에는 너무 늦었어.
- Es joven para casarse. (그/그녀는) 결혼하기에 너무 젊어.

5. para + 동사원형 ~한 행동(동사)을 위해

- Yo estudio para vivir en España. 나는 스페인에 살기 위해 공부해.
- Me levanto temprano para salir temprano.
  나는 일찍 나가기 위해 일찍 일어나.

6. para que + 접속법 ~하도록

- Rezamos para que llueva. 비가 내리도록 기도하자.

por

1. 이유, 원인 ~때문에
- Por la nieve las calles están congeladas. 눈 때문에 길들이 꽁꽁 얼었어.
- Estoy muy mal por beber mucho. 나는 술을 많이 마셔서 컨디션이 좋지 않아.

2. 장소 ~으로, ~을 (장소의 방향)
- Quiero viajar por España. 나는 스페인쪽을 여행하고 싶어.
- ¿Pasemos por el parque? 공원으로 산책해 볼까?

3. 행위자 ~에 의해서, ~에 의한
- Esta página de web fue hecho por el Sr.Juan.
  이 웹페이지는 후안씨가 만들었어.

4. 가격 (얼마)에
- Juan compró esta casa por unos millones de wones.
  후안은 수백만원을 주고 이 집을 구입했어.

5. 비율 ~당, ~마다
- Más de 50%(por ciento) de personas lo han elegido.
  50% 이상이 되는 사람들이 그를 선출했어. (그를 뽑았어.)
- Nos encontramos 3 veces por mes. 우리는 한 달에 세 번은 만나.

6. 대리 ~대신에

- Voy a poner la mesa por mi mamá. 엄마를 대신해 내가 상을 차릴 거야.
- Lo haré por él. 내가 그 사람 대신에 할게.
- Tengo que asistir por mi mamá. 내가 엄마 대신에 참석해야 해.

7. 수단 ~을 이용하여

- Nosotros sabemos por la noticia de la televisión.
  우리는 텔레비전 뉴스를 통해 알고 있어.

8. 기간 ~경에는, ~에, ~무렵, ~에 걸쳐서

- Por diciembre nieva mucho en Corea. 12월 경에는 한국에 눈이 많이 와.
- Por invierno nieva a menudo. 겨울 무렵에는 눈이 자주 와.
- Hablábamos por largo tiempo. 우리는 긴 시간에 걸쳐서 이야기했었어.

9. por + 동사원형 아직 ~하지 않다, 곧 ~할 것이다

- Juan está por salir. 후안은 이제 막 나가려고 해. (아직 나가지 않았다)
- Silvia está por llegar. 실비아는 이제 곧 도착할 거야. (아직 도착하지 않았다)

el/la pianista 피아니스트	el profesor 교수	deber 숙제
joven 젊은	casarse 결혼하다	tempran@ 이른
el parque 공원	la página 페이지	la persona 사람
elegir 선출하다, 뽑다	asistir 참석하다	la noticia 뉴스
larg@ 매우 긴, 기다란	el tiempo 시간, 때, 시기	por ciento 퍼센트(%)

No me lleva muy bien con mi novia.
나는 여자친구와 잘 지내지 못해.

Estos días no me llevo muy bien con mi novia. No sé por qué... cuando yo le mando un mensaje me contesta muy tarde. Sino me contesta al día siguiente. Un día como siempre no me contestó ni el mensaje ni la llamada. Yo le pregunté a ella "¿qué le ha pasado conmigo?" Pero ella no me prestaba atención. Y me dijo que "no pasa nada"... Ante ayer fue mi cumpleaños, pero ella no se acordó de mi cumpleaños. Yo quiero mucho a mi novia. Pero, creo que ella quiere terminar conmigo. ¿Qué piensan ustedes? Antes nos llevábamos muy bien como las otras parejas. Lo único que quiero es llevarme bien como antes con ella. Necesito sus consejos.

요즘 나는 여자친구와 잘 지내지 못합니다. 이유는 모르겠는데, 내가 그녀에게 문자를 보내면 그녀는 매우 늦게 대답을 하죠. 그게 아니면 그 다음날 나에게 답장을 합니다. 하루는, 항상 그랬듯이 나의 전화와 문자를 받지 않았어요. 나는 그녀에게 물어봤죠. "나에게 왜 그래? 나에게 화났어?" 그러나 그녀는 나에게 관심을 주지 않았어요. 그녀는 나에게 대답했어요. "아무 일 없어. 아무 일 아냐." 그저께는 나의 생일이었어요. 그러나 그녀는 나의 생일을 기억하지 못했죠. 나는 나의 여자친구를 너무 사랑합니다. 그러나 내 생각에 그녀는 나와 헤어지고 싶어하는 것 같아요. 여러분들은 어떻게 생각하세요? 예전에 우리는 다른 커플들 처럼 잘 지냈어요. 내가 오로지 원하는 것은 이전처럼 그녀와 잘 지내는 거에요. 나는 여러분의 의견이 필요해요.

llevarse 획득하다, 가지고 가다, 휴대하다

* llevarse a ~를 데리고 가다
* llevarse bien con ~와 잘 지내다, 마음이 잘 통하다
* llevarse mal con ~와 사이가 나쁘다

llevarse 직설법 현재형

(yo)	me llevo
(tú)	te llevas
(él, ella, usted)	se lleva
(nosotr@s)	nos llevamos
(vosotr@s)	os lleváis
(ell@s, ustedes)	se llevan

llevarse 직설법 불완료과거

(yo)	me llevaba
(tú)	te llevabas
(él, ella, usted)	se llevaba
(nosotr@s)	nos llevábamos
(vosotr@s)	os llevabais
(ell@s, ustedes)	se llevaban

ni~ ni~ '~도 아니고 ~도 아니다'라는 뜻의 부정어입니다.
- ni fumo ni bebo. 나는 담배도 피우지 않고 술도 안 마셔.

prestar atención 관심을 주다, 신경을 쓰다

creo que '내 생각에는', '내가 보기에는'과 같은 추측이나 의견을 나타낼 때 사용합니다.

lo único que quiero es 내가 유일하게 원하는 것은 ~이다
이 문장에서의 lo는 중성관사로 '~한 것', '~인 것'을 나타냅니다.

¿Qué piensan ustedes? '당신의 생각은 어떻습니까?'와 같이 의견을 물어볼 때는 Cómo가 아닌 Qué를 사용합니다.

estos días 요즘
el día siguiente 다음날
contestar 대답하다, 전화를 받다
la atención 주위, 주목
acordarse de 생각해내다, 상기하다, 기억하다
el consejo 충고, 조언
como antes 예전처럼

la novia 여자친구
la llamada 전화, 통화
prestar 빌려주다, 빌리다
la pareja 커플
pensar 생각하다
únic@ 유일한
necesitar 필요로 하다, ~할 필요가 있다

mandar 보내다, 전송하다
el mensaje 메세지, 문자
preguntar 질문하다, 묻다
conmigo 나와 함께
antes 예전
como ~처럼

Acabo de llegar a Corea.
나는 방금 한국에 도착했어.

Acabar 끝내다, 마치다

현재	단순과거	불완료과거	미래	조건법
acabo	acabé	acababa	acabaré	acabaría
acabas	acabaste	acababas	acabarás	acabarías
acaba	acabó	acababa	acabará	acabaría
acabamos	acabamos	acabábamos	acabaremos	acabaríamos
acabáis	acabasteis	acababais	acabaréis	acabaríais
acaban	acabaron	acababan	acabarán	acabarían

- Tienes que acabar todo el trabajo. 너는 모든 일을 다 끝내야 해.

- Quiero acabar todos los problemas. 나는 모든 문제들을 끝내고 싶어.

- Su proyecto acabó en fracaso. 그의 프로젝트가 결국 실패로 끝났어.

- Su proyecto acabó en éxito. 그의 프로젝트가 성공적으로 끝났어.

- Acabaremos de una vez. 우리 한 번에 끝내자.

- La clase de español acabó en marzo. 스페인어 수업은 3월에 끝났어.

Acabar de (어떠한 행동을) 막 끝내다

* [acabar de + 동사원형] '방금, 막, 직전에 ~을 끝내다', '막 ~하다'라는 뜻으로 행위의 내용인 본동사의 현재완료형보다 더 많이 사용합니다.

현재형		동사원형	
acabo		comer en casa.	이제 막 집에서 밥을 먹었어.
acabas		llegar a casa.	이제 막 집에 도착했어.
acaba	de	enviar un correo electrónico.	방금 이메일을 보냈어.
acabamos		recibir tu correo electrónico.	지금 막 너의 이메일을 받았어.
acabáis		salir de casa.	이제 막 집에서 나왔어.
acaban		terminar mi trabajo.	나의 일을 방금 끝냈어.

- Yo acabo de salir de casa para ir a la escuela.
  나는 학교 가려고 지금 막 집에서 나왔어.

- Juan acaba de llegar a Corea para visitarme.
  후안이 나를 만나기 위해 지금 막 한국에 도착했어.

- La niña acaba de terminar todas las tareas.
  소녀는 모든 숙제를 지금 막 끝냈어.

- Mi mamá acaba de levantarse. 우리 엄마는 방금 일어나셨어.

- Mi papá acaba de empezar un nuevo trabajo.
  우리 아빠는 막 새로운 일을 시작하셨어.

- Mi amigo acaba de casarse con mi hermana.
  내 친구는 이제 막 내 동생과 결혼했어.

la clase de español acabó en marzo. 스페인어 수업은 3월에 끝났어.
이미 지난 3월이므로 acabar 동사를 현재형이 아닌 단순과거로 사용합니다.

acabar en '결국 ~하게 끝나다'라는 의미입니다.

acabar de는 조동사 역할을 하며 뒤에 오는 동사가 재귀동사일 경우, 재귀대명사를 동사원형 바로 뒤에 붙여서 사용합니다.

- Juan acaba de casar**se** con mi hermana.

el problema는 -a로 끝나지만 남성명사임을 반드시 기억해주세요. 스페인어에서 어미가 -ma(-ama, -oma, -ema)로 끝나는 명사는 대부분 남성명사입니다.

- el programa 프로그램 / el idioma 언어 / el poema 시 / el sistema 시스템

comer 먹다, 점심식사를 하다
el correo electrónico 이메일
terminar 끝내다, 마무리하다
el éxito 성공
la clase 수업, 교실, 강의
levantarse (스스로) 일어나다

llegar 도착하다
recibir 받다
el problema 문제
el proyecto 프로젝트
el marzo 3월
empezar 시작하다

enviar 보내다
salir de ~로부터 나가다
el trabajo 일, 작업, 업무
el fracaso 실패
visitar 방문하다
casarse con ~와 결혼하다

부사(adverbio)란?
아침과 내일 구분하기

시간부사		시간명사
ante ayer 그저께		
ayer 어제		
hoy 오늘	por	la mañana 아침, 오전
ahora 지금	~즈음에, ~경에	la tarde 오후
mañana 내일		la noche 저녁
pasado mañana 내일모레		
siempre 항상		
todavía 아직		
generalmente 보통은		

- mañana por la mañana 내일 오전 즈음에
- mañana a las 7 de la mañana 내일 아침 오전 7시쯤에
- ayer por la mañana/la tarde/la noche 어제 오전/오후/저녁 즈음에

장소부사

aquí	여기	acá
allí	저기	allá
ahí	거기	ahí (상상속의 장소)

cerca 가까이   lejos 멀리

그 외의 부사

1. 문장을 설명, 꾸며주는 부사
solamente 오직 / incluso 심지어, 게다가(=además)
también ~도 역시 / y 그리고

2. 시간적인 의미를 나타내는 부사

hoy 오늘	ayer 어제	mañana 내일
antes 전에	ahora 지금	tarde 늦게

3. 정도를 나타내는 부사
muy 매우 / mucho 무척, 대단히, 열심히

4. 형용사 + -mente를 붙여서 만드는 부사
general(일반적인) + mente = generalmente 일반적으로, 보통
última(마지막) + mente = últimamente 마지막으로

5. 그 외
solo 오직, 단지 / también ~도 역시 / tampoco ~도 역시 아니다

1. Hasta mañana 내일 봐, 내일 만납시다!
2. 부사에는 관사를 사용하지 않습니다.
3. mañana 내일(관사 없음) / la mañana 아침, 오전

Número ordinal
서수

	남성형	여성형
첫 번째 (제일 먼저, 우선적으로)	primero	primera
두 번째	segundo	segunda
세 번째	tercero	tercera
네 번째	cuarto	cuarta
다섯 번째	quinto	quinta
여섯 번째	sexto	sexta
일곱 번째	séptimo	séptima
여덟 번째	octavo	octava
아홉 번째	noveno	novena
열 번째	décimo	décima
마지막	postrero / último	postrera / última

* 서수는 대부분 건물의 '층'과 학교의 '학년'을 나타낼 때 많이 사용합니다.

- Mi hija está en sexto grado de la primaria. 내 딸은 초등학교 6학년이야.

* 나이를 말할 때는 기수를 사용합니다.

- Mi hija tiene seis años. 내 딸은 6살이야.

1. 형용사의 역할을 할 때는 명사의 앞, 뒤로 사용되며 명사의 역할도 합니다.

   - la primera clase (la clase primera) 첫 번째 수업
   - el primer momento (el momento primero) 첫 순간
   - la primera vista (la vista primera) 첫눈 * '첫눈'에 반하다
   - Mañana es el primer día de junio. 내일은 6월 1일이다

     * 날짜를 나타낼 경우, 첫 번째 날은 primero를 사용합니다.
     * el uno(1) de junio (X)

2. 10 이상은 기수로 표현할 수 있습니다.

   - el siglo décimo 10세기 / el siglo veinte(20) 20세기
   - Quiero ir al undécimo piso. = Quiero ir al piso once(11).
     11층 좀 눌러 주세요.

   el cuarto piso por favor. 4층 좀 눌러주세요.
   el quinto piso por favor. 5층 좀 눌러주세요.

   * piso는 '아파트'라는 의미로도 많이 사용합니다.

   Yo vivo en un piso muy grande con mi familia.
   나는 가족과 큰 아파트에 살아.

3. primero와 tercero는 남성명사 단수 앞에서 o를 빼고 사용합니다.

primero → primer

mi primer novio 나의 첫 애인 / el primer día 첫째 날
el primer amor 첫 사랑 / el primer tren 첫 기차

tercero → tercer

el tercer grado 3학년 / el tercer hijo 셋째 아들
el tercer día 세 번째 날 / el tercer libro 세 번째 책

el novio 남자친구	el día 날, 하루	el amor 사랑
el tren 기차	el piso 밝기, 층, 아파트, 바닥	el junio 6월
la nieve 눈	la vista 시력, 시각, 시선, 눈길, 조망, 전망	el momento 순간, 잠깐, 한 때, 단시간
la calse 수업, 강의, 교실	el libro 책	el hijo 아들
el grado 단계, 학년	el siglo 세기, 100년, 시기, 시대	

en cambio...
한 편으로는, 그 대신, 반면에...

el cambio cambiar(바꾸다, 교체하다, 환전하다, 전환하다)라는 동사에서 파생된 명사입니다.

1. 변화, 변경, 변동
2. 교환
3. 교체, 교대
4. 거스름돈
5. 잔돈
6. 환전 (casa de cambios 환전소)

en cambio '그 대신, 반면에, 반대로'라는 의미로 두 가지의 사항을 비교해서 설명할 때 사용하는 부사입니다. 부사로 사용되기 때문에 위치는 달라져도 두 문장의 내용은 같습니다.

- En Corea estamos en verano, en Argentina, en cambio, están en invierno.
- En Corea estamos en verano, en cambio en Argentina están en invierno.

한국은 지금이 여름인데 반해 아르헨티나는 겨울이야.

- Hoy estoy muy ocupada, y mañana, en cambio, estaré libre todo el día.
- Hoy estoy muy ocupada, en cambio mañana estaré libre todo el día.

오늘은 바쁘지만 그 대신 내일은 하루 종일 한가해.

- Mi hermana es exigente, y mi hermano en cambio no es exigente.
- Mi hermana es exigente, en cambio, mi hermano no es exigente.

내 여동생은 까다롭지만, 반면에 나의 오빠는 까다롭지 않아.

exigente 까다로운, 깐깐한
el otoño 가을
libre 자유로운, 비어 있는
la primavera 봄
el invierno 겨울
ocupad@ 바쁜, 사용중인
el verano 여름
mañana 내일

Poco a poco
조금씩 조금씩

Mi vida en Corea

Poco a poco estoy acostumbrándome a vivir en Corea. Fue mi primera visita(Es mi primera visita). Todas las cosas son distintas comparando con mi país México. Les voy a contar ahora cada uno.

Primero quiero mencionarles sobre los zapatos. En México siempre nos llevamos puesto los zapatos aún en casa. Pero aquí no. Pero en mi opinión me parece muy buena costumbre (de) quitarse los zapatos cuando entramos a una casa o algún restaurante. Porque es bueno para tener una buena higiene.

El segundo es, aquí en Corea hay un orden para todas las cosas. Ejemplo la basura tenemos que separarla y en las escaleras y en el metro toda la gente baja y sube por su lado.

Poco a poco me voy acostumbrando(acostumbrándome) a la vida aquí en Corea.

한국에서의 나의 삶

한국에서 사는 것에 조금씩 익숙해져 가고 있어요. 한국은 이번이 첫 방문입니다. 나의 나라인 멕시코와 비교해 보니 모든 것이 달랐죠. 여러분들께 하나씩 얘기해 드릴게요.

먼저 (첫번째로) 신발에 관해 말하고 싶어요. 멕시코에서는 집에서도 신발을 항상 신은 채로 지냅니다. 그러나 여기는 아니더라고요. 하지만 내가 보기엔 집에서나 레스토랑에 들어갈 때에 신발을 벗고 들어가는 것은 좋은 관습인 것 같아요. 왜냐하면 청결을 유지하기 위해서는 아주 좋기 때문이죠.

두 번째는 한국에서는 모든 일에 있어서 기준이 있죠. 예를 들면 쓰레기는 구분을 해야 하고, 계단과 지하철에서 많은 사람들이 각자의 정해진 방향으로 올라가고 내려가죠.

나는 조금씩 한국의 삶에 점점 익숙해져 가고 있어요.

poco a poco 조금씩

	동사변형	시제
poco a poco 조금씩 점점 차차 서서히	estudio español. 나는 조금씩 스페인어를 공부해.	현재형
	estoy mejorando el español. 나는 스페인어가 조금씩 향상되고 있어.	현재진행형
	estudiaré español. 나는 조금씩 스페인어를 공부할 거야.	미래형
	pasaba el tiempo contigo. 너와의 시간이 조금씩 지나갔었다.	불완료과거
	aprendí español. 나는 조금씩 스페인어를 공부했어.	단순과거
	ha mejorado su condición física. 조금씩 그의 컨디션이 좋아졌어.	현재완료
	habrá mejorado su condición física. 아마 조금씩 그의 컨디션이 좋아졌을 거야.	미래완료
	había mejorado su condición física. 조금씩 그의 컨디션이 나아지고 있었어.	과거완료

acostumbrándome '내가 익숙해져 간다'라는 의미로 acostumbrarse 재귀동사를 사용했습니다. [현재진행형 + 대명사(직접목적/간접목적/재귀대명사)]로 붙여서 쓸 경우에는 아쎈또가 찍힙니다.

- estoy preparándolo. 나는 그것을 준비 중이야.
- estoy pensándote. 나는 너를 생각하고 있어.
- estoy haciéndolo. 나는 그것을 하고 있어.

contar 는 '재미있는 이야기를 들려준다', **explicar** 는 '설명하다'라는 의미로 사용되며 둘 다 교차하여 사용 가능합니다.

llevar puesto 입은 채로 지내다
puesto는 poner 동사(옷을 입다, 장신구를 걸치다)의 과거분사입니다.

la escalera '계단'이라는 뜻이며 '계단을 올라가다'라는 표현을 할 때는 복수인 **las escaleras**로 사용합니다.

* 일반 명칭으로의 계단은 la escalera로 사용하지만 실제 대화에서 사용할 때는 계단의 수가 한 계단 이상이므로 복수로 사용합니다.

- **Todos los días subo las escaleras para ir al colegio.**
  나는 매일 학교를 가기 위해 계단을 오른다.

- **No me gusta subir por las escaleras porque me duelen las piernas.**
  나는 다리가 아파서 계단을 오르는 것을 싫어한다.

acostumbrar 길들이다, 습관들게 만들다	la visita 방문	la condición 조건, 컨디션
físic@ 신체의, 체격의	comparar 비교하다	cada uno 하나씩
el restaurante 레스토랑	contar 이야기하다	mencionar 언급하다
el zapato 구두	aún 비록 ~해도	la opinión 의견
distint@ 다른	el país 나라, 국가	la costumbre 습관, 관습
la higiene 위생	el orden 규칙, 룰	separar 구분하다, 나누다
la escalera 계단	el lado 측면, 위치	la gente 사람들
la basura 쓰레기	el ejemplo 예시	

A propósito~
일부러 그랬니?

1. 의도적으로 어떤 일을 했을 때

부사구로서 문장 맨 앞 혹은 맨 뒤에서 사용할 수 있으며 '일부러'라는 의미로 사용합니다.

- ¿A propósito me golpeaste / has golpeado? 너 일부러 나 건드린 거지?

- ¿A propósito me gritaste / has gritado? 너 일부러 소리친 거지?

- ¿A propósito lo hiciste / lo has hecho? 너 일부러 그런 거지?

- ¿A propósito me dejaste caer el agua / me has dejado caer el agua? 너 일부러 물 엎은 거지?

- ¿A propósito me has dicho eso? 너 일부러 그런 말한 거지?

- ¿A propósito me mentiste / me has mentido?
  너 일부러 거짓말한 거지?

2. a propósito para + 사람

무언가를 수식하는 형용사의 성격을 가지기도 합니다. '적절한'이라는 뜻으로 항상 전치사를 동반하여 사용합니다.

- Este es un baño a propósito para mi mamá.
  이것은 우리 엄마에게 안성맞춤인 욕실이야.

3. '그런데'라는 뜻의 pues와 같은 의미

대화를 하면서 앞으로 이야기할 것이나 이미 언급한 것에 대해 표현할 때 사용합니다.

- Mañana iré a Itaewon, a propósito ¿qué lugar me recomiendas visitar?

나 내일 이태원에 갈 거야. 그런데 내가 어떤 장소를 방문하면 좋을지 추천해 줄래?

dejar + 동사원형 ~하게 두다

Dejar jugar a los niños en bosque. 아이들을 숲에서 놀도록 두다.

* dejar de + 동사원형 ~하는 것을 그만두다

- Es posible dejar de fumar en un mes.

한 달 안에 담배 피우는 것을 그만둘 수 있어.

Recomendar 추천하다

현재	단순과거	불완료과거	미래	조건법
recomiendo	recomendé	recomendaba	recomendaré	recomendaría
recomiendas	recomendaste	recomendabas	recomendarás	recomendarías
recomienda	recomendó	recomendaba	recomendará	recomendaría
recomendamos	recomendamos	recomiendábamos	recomendaremos	recomendaríamos
recomendáis	recomendasteis	recomendabais	recomendaréis	recomendaríais
recomiendan	recomendaron	recomendaban	recomendarán	recomendarían

현재분사 recomendando / 과거분사 recomendado

Mentir 거짓말하다

현재	단순과거	불완료과거	미래	조건법
miento	mentí	mentía	mentiré	mentiría
mientes	mentiste	mentías	mentirás	mentirías
miente	mintió	mentía	mentirá	mentiría
mentimos	mentimos	mentíamos	mentiremos	mentiríamos
mentís	mentisteis	mentíais	mentiréis	mentiríais
mienten	mintieron	mentían	mentirán	mentirían

현재분사 mintiendo / 과거분사 mentido

a propósito와 de propósito는 같은 의미입니다.

golpear 때리다, 치다   gritar 고함치다, 외치다   el baño 욕실, 화장실
caer 떨어지다, 넘어지다, 하락하다   decir 말하다   mentir 거짓말하다, 속이다
dar 주다   visitar 방문하다

sin querer~
아니, 모르고 그런 거야.

Te he golpeado / golpeé sin querer. 나도 모르게 너를 건드린 거야.

Te he gritado / grité sin querer. 나도 모르게 너에게 소리친 거야.

Te lo he hecho / hice sin querer. 나도 모르게 너에게 그렇게 한 거야.

Te he dejado / dejé caer el agua sin querer.
나도 모르게 너에게 물 엎은 거야.

Te lo he dicho / dije sin querer. 나도 모르게 너에게 그것을 말한 거야.

Te he mentido / mentí sin querer. 나도 모르게 너에게 거짓말한 거야.

sin querer~

* sin은 '~없이, ~없는, ~이외에'의 의미로 querer와 함께 사용하면 '엉겁결에, 무의식중에, 의도가 없이'라는 의미가 됩니다.

* 단순과거나 현재완료에서 이미 지나간 일을 나타내면서 사용할 수 있습니다.

Fue sin querer. 고의가 아니었어요. 몰랐어요.

Hacer 하다, 만들다

현재	단순과거	불완료과거	미래	조건법
hago	hice	hacía	haré	haría
haces	hiciste	hacías	harás	harías
hace	hizo	hacía	hará	haría
hacemos	hicimos	hacíamos	haremos	haríamos
hacéis	hicisteis	hacíais	haréis	haríais
hacen	hicieron	hacían	harán	harían

현재분사 haciendo / 과거분사 hecho

Querer 원하다

현재	단순과거	불완료과거	미래	조건법
quiero	quise	quería	querré	querría
quieres	quisiste	querías	querrás	querrías
quiere	quiso	quería	querrá	querría
queremos	quisimos	queríamos	querremos	querríamos
queréis	quisisteis	queríais	querréis	querríais
quieren	quisieron	querían	querrán	querrían

현재분사 queriendo / 과거분사 querido

golpear 때리다, 두들기다, 치다
caer 떨어지다, 낙하하다, 넘어지다
mentir 거짓말하다

gritar 외치다, 소리지르다, 소리치다
decir 말하다, 기술하다, 의견을 말하다

A partir de ahora~
지금부터

A partir de 부사구이지만 전치사구처럼 사용하며, 대개 desde처럼 '~부터'라는 의미로 시작되는 지점이나 시간 또는 장소를 지정합니다. 어떤 행동을 결심할 경우 그 시점이나 특정한 행동을 하는 시점을 나타낼 때 주로 사용합니다.

1. A partir de ahora 지금부터

A partir de ahora voy a estudiar. 나는 지금부터 공부할 거야.

A partir de ahora voy a ir a la escuela. 나는 지금부터 학교에 갈 거야.

A partir de ahora voy a cocinar. 나는 지금부터 요리할 거야.

A partir de ahora voy a arreglarme. 나는 지금부터 몸단장을 할 거야.

A partir de ahora voy a dibujar. 나는 지금부터 그림을 그릴 거야.

A partir de ahora tienes que ayudar a tu hermano.
너는 지금부터 네 동생을 도와줘야 해.

2. A partir de hoy 오늘부터

A partir de hoy no beberé ningún alcohol.
나는 오늘부터 어떠한 술도 마시지 않을 거야.

A partir de hoy voy a caminar por más de una hora.
나는 오늘부터 한시간 이상씩 걸을 거야.

A partir de hoy aumentarán las multas de tránsito.
오늘부터 교통 벌금이 오를 거야.

A partir de hoy caminaré a mi casa. (A partir de hoy iré caminando a mi casa.)
오늘부터 내 집까지 걸어갈 거야.

A partir de hoy habrá control de la entrada y salida.
오늘부터 출입통제가 있을 거야.

3. A partir de mañana 내일부터

A partir de mañana empezaré la dieta.
나는 내일부터 다이어트를 시작할 거야.

A partir de mañana empezaré mis clases de manejo.
나는 내일부터 운전수업을 시작할 거야.

A partir de mañana empezaré a escribir mi nuevo libro.
나는 내일부터 내 새 책을 쓸 거야.

A partir de mañana empezaré a vivir una vida más sana.
나는 내일부터 더 건강한 삶을 살 거야.

A partir de mañana voy a buscar una nueva casa.
내일부터 새 집을 찾을 거야.

A partir de mañana iré al gimnasio.
나는 내일부터 체육관에 갈 거야.

A partir de mañana me levantaré más temprano.
나는 내일부터 더 일찍 일어날 거야.

A partir de mañana cerrarán túneles vetustos.
내일부터 노후 터널은 폐쇄될 거야.

A partir de mañana iniciará la exposición de flores.
내일부터 꽃 전시회가 시작될 거야.

A partir de mañana hablaremos del presidente nuevo.
우리는 내일부터 새로운 대통령에 대해 이야기할 거야.

a partir de = a(전치사) + partir(동사) + de(전치사)

partir 는 '(행동, 기점, 날짜에서) 나오다, 출발하다'라는 뜻입니다.

a partir de + el + 요일   (요일)부터

요일을 함께 사용할 경우, 관사 el을 함께 사용합니다.

- a partir del martes.   화요일부터
- a partir del jueves.   목요일부터

[ir a + 동사원형]은 미래를 표현할 때 사용하며, 미래시제와 동일한 의미를 가집니다.
- Mi hermana estudiará con su amiga mañana.
- Mi hermana va a estudiar con su amiga mañana.
  내 언니는 내일 친구와 함께 공부할 거야.

la escuela 학교	arreglarse 정리하다, 치장하다, 몸단장하다
dibujar 그리다, 묘사하다	la clase 학급, 수업, 교실
la música 음악	ayudar a ~을 도와주다, 돕다
aumentar 늘어나다, 불어나다, 증가하다	la multa 벌금
el tránsito 교통	caminar 걷다
el control de la entrada y salida 출입관리	empezar a ~을 시작하다
la dieta 다이어트	el manejo 운전, 조작, 관리
san@ 건강한, 튼튼한	buscar 찾다, 구하다
el gimnasio 체육관, 실내경기장	levantarse 일어나다
temprano 일찍	cerrar 닫다, 잠그다, 폐쇄하다
el túnel 터널	vetust@ 노령의, 연로한, 낡은, 오래된
iniciar 시작하다, 개시하다	la exposición 전시회, 진열
la flor 꽃	hablar de ~에 대해 말하다

Me siento feliz.
나는 행복해.

Sentirse 유감으로 생각하다

현재	단순과거	불완료과거	미래	조건법
me siento	me sentí	me sentía	me sentiré	me sentiría
te sientes	te sentiste	te sentías	te sentirás	te sentirías
se siente	se sintió	se sentía	se sentirá	se sentiría
nos sentimos	nos sentimos	nos sentíamos	nos sentiremos	nos sentiríamos
os sentís	os sentisteis	os sentíais	os sentiréis	os sentiríais
se sienten	se sintieron	se sentían	se sentirán	se sentirían

* 형용사를 동반할 때는 '~하는 생각이 든다'라는 의미입니다.

(Yo) Me siento cansad@. 나는 피곤해. (나는 지금 피곤한 것 같아.)

(Yo) Me siento aburrid@. 나는 지루해. (나는 지금 지루한 것 같아.)

Me siento feliz. 나는 행복해. (나는 지금 행복한 것 같아.)

Me siento afortunad@. 나는 운이 좋아. (나는 운이 좋은 것 같아.)

Me siento content@. 나는 기뻐. (나는 지금 기쁜 것 같아.)

Me siento sol@. 나는 외로워. (나는 지금 외로운 것 같아.)

Me siento agotad@. 나는 지쳤어. (나는 지금 지친 것 같아.)

me siento 대신 estoy 활용하기

Estoy cansad@. 나는 피곤해.

Estoy aburrid@. 나는 지루해.

Estoy feliz. 나는 행복해.

Estoy content@. 나는 기뻐.

Estoy sol@. 나는 외로워.

Estoy agotad@. 나는 지쳤어.

* Soy afortunad@. 나는 행운아야.

afortunad@는 '행운아'라는 명사이므로 주어의 상태를 나타낼 수 없기에 다른 형용사들처럼 estar동사를 사용할 수 없습니다.

tener동사를 사용해서 관용어구 만들기

(Yo) Tengo cansancio. 나는 피곤해. (나는 피곤함이 있어.)

(Yo) Tengo aburrimiento. 나는 지루해. (나는 지루함이 있어.)

(Yo) Tengo felicidad. 나는 기뻐. (나는 행복이 있어.)

(Yo) Tengo soledad. 나는 외로워. (나는 고독이 있어.)

(Yo) Tengo agotamiento. 나는 지쳤어. (나는 극도의 피로함이 있어.)

1. sentirse, estar동사는 형용사와 부사를 동반하고 tener동사는 명사를 동반하여 정신적, 육체적인 상태를 표현합니다.
2. 스페인어에서는 과거분사를 형용사로 활용할 수 있는데, 이 때 성/수에 유의하여 사용해야 합니다.

content@ 기쁜, 즐거운
cansad@ 피곤한
feliz 행복한, 기쁜
aburrid@ 지루한
agotad@ 바닥난, 지친, 고갈된
sol@ 유일한, 혼자의, 고독한

afortunad@ 운이 좋은, 행운의, 적절한
el cansancio 피로, 피곤
la felicidad 행복, 만족, 경사
el aburrimiento 피로, 피곤, 지루함, 따분함
el agotamiento 고갈, 소모, 쇠약, 극도의 피로
la soledad 고독, 적적함

Vivamos sanos
건강하게 살아요.

Estos días es aconsejable no abrir las ventanas, porque el aire está contaminado.

Los polvos amarillos o arenas amarillas son un fenómeno atmosférico estacional que afecta a algunos países de Asia Oriental, incluyendo Corea del Sur. Este polvo es originado en los desiertos de Mongolia, al norte de China y Kazajistán y crea intensas tormentas de arena donde se levantan espesas nubes de partículas de polvo fino que dañan seriamente la calidad del aire de este país.

Es muy feo estar en la oficina con las ventanas cerradas. Espero que llueva mucho para que los polvos finos desaparezcan pronto.

Por el polvo en el aire siempre tengo que llevar puesta una mascarilla para respirar un poco mejor; pero no sé, si eso me ayudará mucho.

Si no uso la mascarilla y las gafas es muy probable que tenga bronquitis.

Antes en Corea hacía un buen tiempo con aire fresco. Pero estos días no es como antes.

Es necesario que todos llevemos las mascarillas puestas para que vivamos sanos.

요즘은 공기 오염으로 인해 창문을 열지 않는 것이 좋지요.

황사는 한국을 포함한 동아시아 나라에 영향을 주는 계절성 대기 현상이에요. 이 먼지는 몽골, 중국 북부 및 카자흐스탄에 있는 사막에서 발생되며, 이러한 나라의 대기상태에 심각한 해를 주는 짙은 미세먼지 입자 구름을 일으켜 거센 모래폭풍을 만들어요.

밀폐된 사무실에 있는 것은 매우 불쾌해요. 저는 미세먼지를 빨리 사라지게 하는 비가 많이 내리길 바라요.

공기 중의 먼지(미세먼지) 때문에, 저는 좀 더 수월하게 숨을 쉬기 위해 항상 마스크를 해야 해요. 하지만 마스크 쓰는 것이 큰 도움이 되는지는 모르겠어요.

만약 제가 마스크와 안경을 쓰지 않는다면, 아마 기관지염에 걸릴 거예요.

이전에 한국은 신선한 공기가 있는 좋은 날씨였지만 요즘은 이전 같지 않네요.

건강하게 살기 위해서 모두 마스크를 착용해야 해요.

ser aconsejable (no) + 동사원형 ~하는 것이 좋다(좋지 않다)

ser difícil + 동사원형 ~하는 것이 어렵다

- Es difícil pronunciar algunos sonidos en ese idioma.
  그 언어에서 어떤 소리는 발음하기 어려워.
- Es difícil explicarte este tema. 이 테마는 너에게 설명하기 어려워.

llevar puest@ + 의류 ~을 입다
puset@는 동반되는 명사의 성 / 수에 맞추어 사용합니다.

- Llevo puesta una falda. 치마를 입었어.
- Mi hijo lleva puestos los pantalones hoy. 오늘 내 아들은 바지를 입었어.

aconsejable 충고할 수 있는	san@ 건강한	estos días 요즘
difícil 어려운	dejar 놓다, 놓아두다, 남기다	la ventana 창
abiert@ 열린	el polvo fino 미세먼지	el aire 공기, 대기
amarill@ 노란	la arena 모래	el fenómeno 현상
atmosféric@ 대기의, 공기의	estacional 계절의, 장기적인	afectar a ~에 영향을 미치다
algun@ 어떤, 어느	el país 나라, 국가	Asia Oriental 동아시아
incluyendo ~을 포함하여	originar 일으키다, 초래하다	el desierto 사막
Mongolia 몽골	el norte 북쪽	China 중국
Kazajistán 카자흐스탄	crear 창조하다, 생기다	intens@ 강한, 집중된
la tormenta 폭풍	levantarse 발생하다, 일어나다	espes@ 짙은, 무성한, 두꺼운
la nube 구름, 떼	la partícula 입자	dañar 해를 끼치다, 손해를 주다
seriamente 중대하게	la calidad 질, 품질, 성질	fe@ 불쾌한, 못생긴, 거친
la oficina 사무실	cerrad@ 닫힌	llover 비가 오다
desaparecer 사라지게 하다	siempre 항상	llevar 지니다, 가지고 가다, 입고 있다
puest@ 잘 차려 입은	la máscara 마스크	la mascarilla 마스크
respirar 숨을 쉬다, 호흡하다	ayudar 도와주다	las gafas 안경
la bronquitis 기관지염	antes 이전에	el tiempo 날씨, 때
fresc@ 신선한, 시원한	como ~처럼	

¡Ojála que no llueva mañana!
내일 비가 안 왔으면!

Ojalá는 기원, 바람을 표현할 때 쓰는 감탄사로 접속법과 함께 사용합니다.

1. Ojalá (que) + 접속법 현재   (부디, 아무쪼록, 제발) ~하기를

현재나 미래의 일에 대한 바람을 나타내며, 실현 가능성이 어느정도 있는 경우에 사용합니다.

¡Ojalá que no llueva mañana! 내일 비가 안 왔으면!

¡Ojalá que llueva mañana! 내일 비가 오길!

¡Ojalá que ganen el partido de fútbol! 축구 경기에서 이기길!

¡Ojalá que pueda aguantar! 부디 견딜 수 있길!

2. Ojalá (que) + 접속법 현재완료/접속법 과거   ~했으면 좋을 텐데

실현이 불가능하거나 어려운 현재 혹은 미래의 일에 대한 바람을 나타낼 때 사용합니다.

¡Ojalá que Silvia haya conseguido ese trabajo!

실비아가 그 일을 계속 했으면 좋을 텐데!

¡Ojalá que le haya tocado la lotería!

그가 복권에 당첨되었으면 좋을 텐데!

¡Ojalá que hayan comprado comida para mí!

날 위해 음식을 샀으면 좋겠는데!

¡Ojalá que hayan ganado 3 a 0! 3대 0으로 이기면 좋을 텐데!

¡Ojalá que haya tenido éxito en el examen! 시험을 잘 보면 좋을 텐데!

¡Ojalá que hiciera fresco mañana! 내일 선선하면 좋을 텐데!

¡Ojalá que viviera mi papá!
(= ¡Ojalá que mi papá estuviera vivo!)
아빠가 살아 계시다면 좋을 텐데!

¡Ojalá que mañana pudiera verte! 내일 너를 볼 수 있다면 좋을 텐데!

¡Ojalá que estuvieras conmigo! 네가 나와 함께 있다면 좋을 텐데!

3. Ojalá (que) + 접속법 과거완료 ~했으면 좋았을 텐데
   과거에 실현되지 않은 사실에 대한 아쉬움을 나타낼 때 사용합니다.

¡Ojalá que hubiera ganado mucho dinero!
많은 돈을 벌었다면 좋았을 텐데!

¡Ojalá que hubieras aceptado ese empleo!
그 자리에 취직이 됐다면 좋았을 텐데!

¡Ojalá que no hubiera estado enferm@!
안 아팠다면 좋았을 텐데!

¡Ojalá que llueva mañana! 내일 비가 오길!

- ¡Ojalá que lloviera mañana! 내일 비가 왔으면 좋을 텐데!
비가 올 가능성이 거의 없을 경우에 사용합니다.

¡Ojalá que hiciera fresco mañana! 내일 선선하면 좋을 텐데!
오늘 날씨가 아주 더워서 다음 날 선선할 수 없는 상황일 때 사용합니다.

el partido 경기
la comida 음식
fresc@ 선선한, 신선한
la lotería 복권
el éxito 성공
el empleo 일, 직장
aguantar 견디다, 참다
tener éxito 성공하다, 번창하다, 잘 해내다
enferm@ 아픈

¡Avancémonos!